Prendre son temps...
pour en gagner

Groupe Eyrolles
61, bd Saint-Germain
75240 Paris Cedex 05
www.editions-eyrolles.com

Titre original : *Wenn Du es eilig hast, gehe langsam*
All Rights Reserved

© 2008 Campus Verlag GmbH, Francfort-sur-le-Main, pour l'édition originale.

Life Leadership® est une marque déposée de Lothar J. Seiwert en Europe.

Illustrations de Tiki Küstenmacher

Traduction française : Marie-Christine Guyon

Révision : Catherine Tranchant

Cet ouvrage a été proposé à l'éditeur français par l'agence EDITIO DIALOG, Michael Wenzel, Lille.

© Groupe Eyrolles, 2012
ISBN : 978-2-212-55396-3

Lothar J. Seiwert
avec la participation de Ann McGee-Cooper

Prendre son temps...
pour en gagner

Gérez vos priorités, rééquilibrez votre vie

Préface de Brian Tracy

Traduit de l'anglais par Marie-Christine Guyon

EYROLLES

Table des matières

Instants

« Si je pouvais revivre ma vie, j'essaierais de commettre davantage d'erreurs. J'essaierais d'être moins parfait. Je serais plus insouciant, plus fou que je n'étais. En fait, je ne prendrais plus guère les choses au sérieux.

Je serais moins obsédé par l'hygiène, je prendrais plus de risques, et plus de vacances ! Plus souvent qu'autrefois, je contemplerais le coucher du soleil, j'escaladerais des montagnes ou je me baignerais dans des rivières. Je visiterais plus d'endroits dans le monde. Je mangerais moins de haricots verts et plus de glaces. J'aurais davantage de vrais problèmes et moins de soucis imaginaires.

Je faisais partie de ces gens qui vivent raisonnablement et abondamment chaque minute de leur vie. Bien sûr, j'ai connu des moments de bonheur. Si je pouvais revenir en arrière, je tâcherais de n'avoir que de bons moments. Car la vie n'est faite que de cela : de moments. Ne perdez pas l'instant.

Je faisais partie de ces gens qui ne vont nulle part sans thermomètre, sans bouteille Thermos, sans parapluie, sans parachute. Si je pouvais revivre, je voyagerais léger. Si je pouvais revivre, j'irais pieds nus, du printemps à l'automne.

Je me promènerais en voiture à cheval. Je contemplerais l'aurore. Je jouerais davantage avec les enfants. Si une autre vie se présentait devant moi.

Mais vous voyez, j'ai quatre-vingt-cinq ans et je sais que je vais mourir bientôt. »

Anonyme

« Si vous faites toujours ce que vous avez toujours fait, vous aurez toujours ce que vous avez toujours eu. »
Anonyme

Lothar J. Seiwert est le plus grand spécialiste européen de la gestion du temps et de la vie. Orateur recherché et auteur de livres à succès (ils se sont vendus à plus de 4 millions d'exemplaires en 30 langues), il a été récompensé par de nombreuses distinctions. En 2007, la Fédération allemande de la formation et du développement lui a décerné le prix de la Réussite et il est entré au Panthéon des conférenciers allemands (German Speakers Hall of Fame®, HoF). Directeur général du Seiwert Institute (Heidelberg, Allemagne), Lothar J. Seiwert a pour domaines de prédilection la *gestion du temps*, le *Life Leadership®* et l'*équilibre vie professionnelle/vie privée*. Il est membre du conseil d'administration de l'Association des conférenciers allemands (German Speakers Association, GSA) et de la Fédération internationale des conférenciers professionnels (International Federation for Professional Speakers, IFFPS). Informations complémentaires : **www.seiwert.de**

Ann McGee-Cooper (auteure du chapitre « La nouvelle gestion du temps ») est conseil en créativité et en gestion holistique du temps. Son cabinet est installé à Dallas (Texas). Elle a publié plusieurs livres sur la gestion du temps et sur le leadership au service des autres. **Duane Trammell**, son partenaire depuis vingt-cinq ans, est coauteur de ces ouvrages et vice-président exécutif de Ann McGee-Cooper and Associates, Inc. Informations complémentaires : **www.amca.com**

Préface de Brian Tracy

C'est un grand plaisir pour moi d'écrire la préface de *Prendre son temps... pour en gagner*, de Lothar Seiwert.

Lothar et moi sommes amis depuis des années. Nous nous sommes connus quand j'ai commencé à voyager en Allemagne pour faire des conférences devant des milliers de personnes dans tout le pays. Lothar est l'auteur de livres sur la gestion du temps et sur l'équilibre vie professionnelle/vie privée le plus connu et le plus vendu d'Europe.

J'ai moi aussi publié des livres et des articles sur la gestion du temps, qui ont été traduits dans de nombreuses langues. J'ai également produit des programmes de formation audio et vidéo. J'ai enseigné les précieux principes de la gestion du temps à plus de 500 000 personnes.

Quand j'ai fait la connaissance de Lothar et que j'ai commencé à lire ses livres, j'ai découvert avec un profond étonnement que ses idées et ses analyses dépassaient de loin celles diffusées dans les ouvrages ou les formations disponibles dans le monde anglo-saxon.

Lothar a une manière toute particulière de considérer le temps selon différents points de vue : psychologique, émotionnel, philosophique et financier. Leur association aboutit à une méthode totale et incroyablement efficace de gestion du temps et de la vie.

Dans ce livre, Lothar montre comment améliorer, en quantité et en qualité, votre productivité, vos performances et les bénéfices que vous en percevez, tout en profitant plus que jamais de votre vie familiale et personnelle.

Lothar fonde son approche sur les concepts de valeurs, de vision, de mission, de sens de la vie, d'objectifs et de priorités.

Il vous apprend tout d'abord à définir vos valeurs les plus profondes, au travail comme dans votre vie privée. Quels sont vos principes ? À quoi croyez-vous ? Qu'est-ce qui compte vraiment pour vous ? Comment faites-vous les choix les plus importants de votre vie ? Une fois cela établi, ce qui importe le plus dans l'existence apparaît beaucoup plus clairement.

Sur ces principes, vous élaborez une vision. Vous idéalisez votre vie parfaite, quelque part dans l'avenir. Si vous aviez une baguette magique pour la concrétiser en quatre dimensions – travail, famille, santé et évolution spirituelle – à quoi votre existence ressemblerait-elle ? Quand vous aurez cerné avec précision ce que sont vos valeurs et votre vision, votre vie commencera à prendre un tour positif.

De votre vision découle votre mission dans la vie.

- Qu'avez-vous à accomplir sur cette terre ?
- Quelle est votre mission, tant au travail qu'auprès de votre famille ?
- À la fin de votre vie, que voudriez-vous transmettre ?

Voilà les questions essentielles qui vous aideront à atteindre un meilleur équilibre entre les différentes facettes de votre existence.

À partir de votre mission, vous déterminez le sens de votre vie et vos aspirations profondes. Autrement dit, pourquoi vous faites ce que vous faites. Le but de votre existence doit toujours contribuer à améliorer celle d'autres personnes. Dans votre travail, il s'agit de vos clients. Dans votre vie personnelle, il s'agit de vos proches, auxquels vous devez offrir une vie merveilleuse. « Quand on a un gros "pourquoi", on peut endurer n'importe quoi », dit-on.

De vos valeurs, vision, mission et sens de la vie naissent vos objectifs. Il s'agit de buts clairs, spécifiques, mesurables, à atteindre dans chaque aspect de votre vie. Vous serez heureux quand vos objectifs externes seront en harmonie avec vos aspirations profondes.

Enfin, vous fixerez vos priorités. Grâce aux méthodes enseignées par Lothar, il vous sera facile de définir ce qui compte vraiment pour vous, chaque jour et à chaque heure, dans tous les domaines de votre existence.

Une fois tous ces éléments réunis, vous saurez comment « prendre votre temps pour en gagner ». Dans les semaines et les mois qui suivent, les idées contenues dans ce livre vous auront permis d'avancer davantage qu'en plusieurs années. Vous accomplirez plus de choses, parmi celles qui vous importent vraiment, et vous savourerez la vie plus que vous ne l'auriez jamais imaginé.

Relisez ce livre plusieurs fois, pour que ses idées pénètrent au plus profond de votre esprit. Vous deviendrez alors une personne différente, plus positive, optimiste et joyeuse. Vous serez plus productif et plus efficace. Vous ferez plus en moins de temps, tout en prenant plaisir à chaque pas que vous ferez sur votre chemin.

Très cordialement,
Brian Tracy
Auteur de *Destination Réussite*

Avant-propos

« Gaspiller son temps,
C'est gaspiller sa vie.
Maîtriser son temps,
C'est maîtriser sa vie. »
Alan Lakein, spécialiste de la gestion du temps

Mener de front une brillante carrière et une vie privée épanouissante, sans que l'une empiète sur l'autre ? Ce serait magnifique ! Dans la pratique, la bulle éclate souvent, quand nous n'arrivons pas à tenir notre planning. Par exemple, pour respecter les délais d'un important projet, nous n'avons d'autre choix que de passer nos soirées et nos week-ends au bureau, voire d'annuler une semaine de vacances pourtant bien méritée. Ce qui entraîne des conflits et du stress au sein du foyer.

Toujours sur la brèche, nous ne faisons jamais le point. Un jour, certains comprennent – après un passage aux urgences, dans le pire des cas – qu'ils n'ont pas été assez disponibles pour leur famille et pour leurs amis, et qu'ils n'ont pas assez profité des moments qui font que la vie mérite d'être vécue. Souvent, quand ils s'en aperçoivent, il est trop tard.

La maladie de l'urgence est devenue une épidémie sociale, qui nous pousse à croire que *nous devons faire toujours mieux et toujours plus vite.* Cette idée préconçue entraîne du stress et par conséquent, des troubles de la santé : maladies cardiovasculaires, hypertension, ulcères, par exemple. Un coup d'œil à la pendule ou sur un agenda surchargé, et c'est la panique. Pour beaucoup d'entre nous, même les hobbies sont source de stress. Nous n'avons plus assez de nos soirées et de nos week-ends pour nous détendre réellement et pour savourer l'existence.

Au début des années 1980, quand, en lançant un séminaire de gestion du temps, je demandais aux participants de dire ce qu'ils attendaient du stage, la plupart répondaient : « *Des outils qui m'aident à abattre le plus de travail possible, le plus vite possible.* » Mais depuis, les comportements ont bien changé.

Aujourd'hui, la tendance est à chercher un équilibre entre rapidité et temps de repos, entre nécessités professionnelles et aspirations personnelles. En matière de gestion du temps, le *Life Leadership®* est la technique de l'avenir. Il consiste en une *gestion de vous-même, qui vous rend apte à décider du cours de votre existence.* Il va bien plus loin que de vous acheter un agenda de ministre ou le dernier modèle d'assistant personnel, et même que de bloquer plus de temps pour vos proches et vos activités non professionnelles. Il vous amène à trouver votre propre rythme. Il consiste aussi à *prendre conscience du temps et apprendre à le savourer.* Le *Life Leadership®* vous incite à ralentir votre cadence dans vos occupations quotidiennes. Ceux qui lèvent le pied ne travaillent pas plus lentement, mais plus efficacement. En outre, ils profitent davantage de l'existence et tirent une plus grande satisfaction de ce qu'ils font. Prenez du temps pour vous, pour ceux qui vous sont chers et pour faire ce qui vous tient à cœur depuis toujours.

Je vous souhaite de disposer de tout le *temps* nécessaire pour vous créer une vie harmonieuse et épanouissante.

Bien cordialement,

Lothar J. Seiwert
www.seiwert.de
info@seiwert.de
Heidelberg (Allemagne),
janvier 2008

À propos de ce livre

Organiser son temps et préserver sa qualité de vie... Pour beaucoup d'entre nous, c'est une prouesse d'équilibriste, qui se solde bien souvent par un échec. Pourtant, il existe un filet de sécurité : les nouvelles méthodes de gestion du temps. Ce livre va vous faire découvrir, de manière facile et progressive, les principes de base du *Life Leadership®* moderne, cette gestion de vous-même et de votre existence.

- Dans la première partie, nous vous présenterons *les dernières découvertes sur notre attitude vis-à-vis du temps.* D'un côté, une concurrence toujours plus vive exige de plus en plus de performances, d'où une accélération de la vie quotidienne. De l'autre, nos rythmes corporels voudraient que nous ralentissions. Face aux multiples pressions qui nous incitent à courir, la solution ne consiste pas à nous transformer en retardataires permanents, mais à trouver un équilibre viable entre notre vie professionnelle et nos besoins et objectifs personnels.
Une gestion du temps efficace permet aussi bien la *rapidité* que la *lenteur*. Il ne s'agit pas d'imposer l'une ou l'autre mais, dans un esprit taoïste, d'allier l'une *et* l'autre.

- La deuxième partie vous apprendra comment intégrer ces deux composantes à votre propre gestion du temps, de façon à la rendre plus efficace. Pour cela, vous franchirez les *quatre phases d'un programme*, qui, à l'aide d'exercices et d'exemples concrets, vous aidera à adapter votre mode de fonctionnement de manière à réaliser vos objectifs personnels.
Tout d'abord, nous réfléchirons à votre *déclaration d'intention*, qui définit ces objectifs (Phase 1). Puis nous détaillerons

les différents rôles – vos « casquettes » – que vous remplissez au quotidien (Phase 2). Lors des deux dernières étapes, nous transformerons votre vision personnelle en organisation pratique : *planning hebdomadaire des priorités* (Phase 3) et *efficacité des tâches quotidiennes* (Phase 4).

• La troisième partie a pour but de vous aider à atteindre un équilibre vie professionnelle/vie privée en privilégiant votre *individualité*. Cela ne veut pas dire que vous deviez devenir égoïste. Il s'agit simplement d'accorder la priorité à ce qui compte vraiment pour vous, afin de donner un axe bien défini à votre existence et d'atteindre vos buts personnels. Dans cette forme d'individualisme, il faut savoir non seulement ce qu'on veut, mais aussi *pourquoi* on le veut. On se fixe des objectifs propres à assurer son épanouissement, on trouve son propre tempo, et on identifie ses sources de stress afin de les transformer en sources de satisfaction. Nous devons déployer des efforts actifs pour être aussi contents que possible de notre existence. Car le plus important est de dire « oui » à notre bonheur.

Partie 1

De nouvelles façons de gérer son temps

Dépassée, la gestion du temps ?

« Travailler dur, non.
Travailler intelligemment, oui. »
Dicton de management

Depuis quelques années, la gestion du temps suscite débats et critiques. Dans les médias, on voit fleurir des titres tels que : « L'épidémie concurrentielle », « Finie, l'obsession de la vitesse » ou « Jetez votre agenda aux orties ».

Par ailleurs, des expressions comme « du temps pour soi » ou « du temps de qualité » sont à la mode. Elles nous disent de vivre consciemment le temps dont nous disposons. Dans les statuts de la Society for the Deceleration of Time (Association en faveur du ralentissement) figure cette règle : « Les membres s'engagent à prendre le temps de la réflexion et de l'introspection. » Le Slow Food est un mouvement de protestation contre le manque de raffinement culinaire. Né en réaction au fast-food, il lui oppose les innombrables délices des cuisines du monde entier. *La Découverte de la lenteur*, best-seller de Sten Nadolny[1], est devenu un livre culte. Son héros, inapte à tout mouvement rapide, apprend peu à peu que cette particularité congénitale n'est pas un handicap, mais une source inépuisable d'énergie et de créativité.

Partout, les *slobbies*, c'est-à-dire les individus plus lents mais plus efficaces que les autres, gagnent du terrain. Refusant la vitesse comme critère unique de performance, ils adoptent un rythme réduit, grâce auquel ils sont plus productifs et plus créatifs.

1. Nadolny, Sten, *La Découverte de la lenteur*, traduit de l'allemand par Jean-Marie Argelès et Olivier Mannoni, Paris, Grasset, 2008.

Alors, la gestion du temps est-elle dépassée ? Non, bien entendu ! Tout ce qui précède indique simplement qu'elle a pris une nouvelle orientation.

La gestion du temps est plus actuelle que jamais, car elle vise à améliorer la qualité du travail. Elle sert de guide pour organiser sa vie et parvenir au succès. Cependant, cet ensemble de méthodes doit aujourd'hui tenir compte d'un changement d'attitude chez nos contemporains, et porter sur des domaines plus divers.

Les âmes lentes

Bien avant que les routes sillonnent nos campagnes et que les automobiles transportent les voyageurs à la vitesse du vent, un missionnaire, escorté de porteurs, se frayait un chemin à travers la savane africaine. Il tenait à arriver à destination le plus vite possible et poussait donc son guide à accélérer la cadence, arguant qu'il voulait « y être » en trois jours.

À l'aube du troisième jour, le soleil était déjà éclatant, les oiseaux chantaient, l'air miroitait et l'herbe ondulait doucement dans la brise. Le missionnaire exhorta ses hommes à se mettre en route, mais pas moyen de les faire lever. Les flatteries, les ordres, rien n'y fit. Il finit par leur demander pourquoi ils étaient aussi peu coopératifs. L'un d'entre eux répondit : « *Nos corps sont ici. Mais nous devons attendre que nos âmes nous rattrapent.* »

Nossrat Peseschkian, *Der Nackte Kaiser*[1]

----

1. Peseschkian, Nossrat, *Der Nackte Kaiser*, Munich (Allemagne), Pattloch Verlag GmbH, 1997.

La vitesse ne fait pas tout. Cette idée étant de plus en plus d'actualité, la gestion du temps a adapté ses principes aux attentes d'aujourd'hui. C'est pourquoi ce livre met l'accent sur sa remarquable évolution, pour passer *de méthodes tradition-nelles à d'autres, de nouvelle génération.*

En effet, on peut envisager la gestion du temps de deux points de vue totalement opposés :

- une gestion de la vitesse ;
- une « appropriation du temps », qui vise à préserver celui-ci et à en tirer le meilleur parti.

Une gestion de la vitesse

La plupart des gens veulent tout, tout de suite ou, mieux, pour avant-hier. Dans le monde d'aujourd'hui, la rapidité est, selon eux, le facteur le plus déterminant pour être concurrentiel.

Dans de nombreuses entreprises, le *asap* anglo-saxon (*as soon as possible*, aussi vite que possible) et lui seul, impose délais et dates de rendez-vous. Ne pas avoir d'adresse électro-nique serait être désespérément hors du coup. Et tout e-mail attend une réponse dans les vingt-quatre heures grand maxi-mum. Le courrier postal est désormais qualifié de « courrier escargot » (*snail mail*). Téléphones portables et Smartphones garantissent que tout le monde soit joignable partout et en « temps réel ».

De plus en plus de gens subissent cependant les consé-quences de ce train de vie à grande vitesse. Sur l'autoroute de l'existence, ils se sentent obligés de rouler plus vite que les autres. Ce n'est plus une question de gros qui écrase le petit, mais de rapide qui dépasse le lent.

La *gestion de la vitesse*, destinée à produire toujours plus, toujours plus vite, ne fait qu'accroître ces pressions. Dans un environnement concurrentiel, elle représente un considérable facteur stratégique. Une entreprise qui maîtrise les techniques de gestion de la vitesse adapte sa structure et ses processus aux circonstances. Elle réagit donc plus rapidement et avec plus de souplesse à l'évolution du marché.

Toutefois, pour atteindre plus rapidement le but désiré, la vitesse ne suffit pas toujours.

Une « appropriation du temps »

Ralentir pour accélérer

Till l'Espiègle chemine avec le baluchon qui rassemble ses biens terrestres. Une voiture à cheval arrive à toute allure à sa hauteur. Le cocher, l'air pressé, l'interpelle : « Elle est loin, la ville la plus proche ? – Une demi-heure, si vous roulez doucement, une demi-journée, si vous roulez vite ! », répond Till.

« Quel sot ! », déclare le cocher en empoignant son fouet pour faire galoper ses chevaux encore plus vite.

Till l'Espiègle poursuit son chemin. La route est parsemée de nids-de-poule. Une heure plus tard, il rejoint la voiture, renversée dans le fossé. L'essieu avant est brisé. Le cocher tente de le réparer, en poussant des jurons.

Il jette un regard accusateur à Till, qui lui dit : « Je vous avais prévenu, une demi-heure, si vous roulez doucement... »

Dans ce conte, comme dans la société moderne, la gestion du temps atteint des excès. Afin de retrouver un équilibre entre accélération et ralentissement, il faut revenir à une allure adéquate et à un rythme naturel. La solution consiste à *se réapproprier le temps*.

Ralentir pour accélérer

« Tripotez une olive tant que vous voudrez,
elle ne mûrira pas plus vite. »
Proverbe toscan

Les tendances ont... tendance à susciter des contre-tendances. En réaction au « toujours plus vite » actuel, certaines personnes tentent d'échapper au piège de l'accélération constante. Elles constatent d'ores et déjà qu'en en faisant moins, elles sont non seulement plus productives, mais aussi plus avisées dans leurs décisions.

De plus en plus de gens ressentent maintenant la nécessité de ralentir et de privilégier leur personne plutôt qu'un planning. Pour y parvenir, il faut commencer par redécouvrir ses rythmes naturels, afin d'instaurer un équilibre harmonieux entre ses besoins individuels et les exigences extérieures.

Le petit prince et le marchand
« Bonjour, dit le petit prince.
– Bonjour », dit le marchand.
C'était un marchand de pilules perfectionnées qui apaisent la soif.
On en avale une par semaine et l'on n'éprouve plus le besoin de boire.
« Pourquoi vends-tu ça ? dit le petit prince.
– C'est une grosse économie de temps, dit le marchand. Les experts ont fait des calculs. On épargne cinquante-trois minutes par semaine.
– Et que fait-on des cinquante-trois minutes ?
– On en fait ce que l'on veut...
« Moi, se dit le petit prince, si j'avais cinquante-trois minutes à dépenser, je marcherais tout doucement vers une fontaine... »
Antoine de Saint-Exupéry, *Le Petit Prince*[1]

Le piège de la vitesse est un phénomène international. Par exemple, 80 % des Allemands trouvent que les choses changent trop vite. Ils aimeraient mener une existence moins effrénée. Avec l'accélération du monde, notre quotidien marqué par l'urgence est de plus en plus éloigné de nos rythmes naturels.

Selon *Focus*, magazine d'information allemand, la Malaisie a accéléré le rythme de son hymne national pour l'aligner sur celui de sa croissance économique.

Gestion et appropriation du temps

Selon ses principes révisés, la gestion du temps sert à déterminer l'investissement en temps *le plus adéquat*, ce qui implique de revenir à une cadence plus naturelle.

Autrefois, l'existence était plus équilibrée. L'activité et le repos alternaient de façon harmonieuse. Les rythmes corporels

1. Saint-Exupéry, Antoine de, *Le Petit Prince*, Paris, Gallimard, 1946 et 1999.

définissaient naturellement l'« horloge interne » de chaque individu. L'arrivée des premières horloges mécaniques nous a contraints à suivre des emplois du temps linéaires et contre-nature. Depuis l'ère industrielle et ses innovations techniques tant admirées, la notion de repos est devenue complètement dépassée.

Aujourd'hui, un retour à un fonctionnement plus naturel, qui nous permette de « prendre notre temps », est plus nécessaire que jamais.

Ceux qui parmi nous subissent sans arrêt la pression et l'urgence – que ce soit dans la vie professionnelle ou privée – doivent compenser cette partie de leur existence par des moments de loisirs ou d'inactivité.

Le soleil disparu

Chantant un matin pour saluer le lever du soleil, un coq tomba malade, au point que rien n'assurait qu'il pût chanter de nouveau. Dans la basse-cour, les poules s'inquiétaient : le soleil allait-il apparaître le lendemain, si le coq ne pouvait le faire lever ?

Elles furent détrompées de leur croyance infondée. Le coq restait trop mal en point pour assurer sa tâche, mais le soleil apparut tout de même. Sa course naturelle n'avait nullement été perturbée.

Nossrat Peseschkian, *L'Utilisation d'histoires orientales en psychothérapie positive. Le Marchand et le Perroquet*[1]

---

1. Peseschkian, Nossrat, *L'Utilisation d'histoires orientales en psychothérapie positive. Le Marchand et le Perroquet*, Paris, L'Harmattan, 2009.

La nouvelle gestion du temps

Ce qui suit se fonde sur les travaux d'Ann McGee-Cooper et de son partenaire, Duane Trammell, spécialistes de la gestion du temps, à Dallas (États-Unis).

Jusqu'à présent, nous avons évoqué les tendances générales de notre société marquée par la vitesse. Nous allons maintenant examiner la façon dont vous gérez vous-même votre temps. Que vous soyez cadre supérieur épuisé par le stress ou mère de famille jonglant entre les multiples activités de vos enfants, vous pourrez transformer, grâce à des méthodes innovantes, votre manière personnelle d'utiliser votre temps. Autre bonne nouvelle : même ceux qui trouvaient peu utiles les méthodes traditionnelles de gestion du temps bénéficient désormais de règles de gestion plus flexibles du temps, récemment apparues.

Dans un monde en accélération, le temps retrouvé

- « Pas le temps de m'occuper de ça ! »
- « On n'arrivera jamais à tenir le délai, on n'a pas le temps ! »
- « Encore une réunion ? Pas question, je n'ai pas le temps ! »
- « Je ne trouve pas de temps à consacrer à ma famille et à mes loisirs. »
- « Je sais, je ne m'alimente pas sainement, mais je n'ai pas le temps de faire la cuisine. »
- « Je n'ai pas le temps de tout planifier, ni même de noter ce dont je dois me souvenir. »
- « Je n'ai même pas le temps de suivre un stage sur la gestion du temps ! »

Cela vous rappelle quelque chose ? Le rythme de notre existence *s'accélère* incroyablement. Des nouveautés techniques apparaissent de manière de plus en plus rapprochée. La télécopie, Internet, le courrier électronique, la téléphonie mobile permettent au monde entier de communiquer en temps réel. Le volume d'informations à notre disposition est multiplié par deux tous les vingt mois environ. De ce fait, la plupart d'entre nous :

- reçoivent chaque jour toujours plus de lettres, de fax ou de courriers électroniques ;
- se voient demander toujours plus, à intervalles toujours plus brefs ;
- ne savent plus où donner de la tête...

Une nouvelle épidémie : la maladie de l'urgence

Larry Dossey, médecin et auteur américain[1], a le premier signalé l'existence d'une nouvelle épidémie qui se répandait aux États-Unis.

Il s'agissait de la *maladie de l'urgence,* née de l'idée fausse selon laquelle si l'on fait *tout plus vite,* on arrive à *tout faire.*

L'épidémie n'a cessé de se répandre jusqu'à aujourd'hui. Un coup d'œil à l'horloge ou à un agenda surchargé suffit désormais à mettre ses victimes dans un état de panique. Les fausses croyances à l'origine de la maladie entraînent d'autres troubles,

---

1. Dossey, Larry, *Space, Time and Medicine,* Boston (États-Unis), New Science Library, 1984.

liés au stress, comme de la tension nerveuse, des problèmes cardiaques ou des ulcères. La situation est particulièrement grave lorsque l'on reste stressé même après avoir quitté son travail, et que les soirées et les week-ends ne suffisent plus à se détendre et à profiter de la vie.

« Plus je me dépêche, plus je suis en retard !» Peut-être vous faites-vous souvent cette remarque déprimante. Vous partez plus tôt le matin au bureau, bien décidé à abattre votre travail, mais ce n'est que pour être submergé d'une marée de nouveaux projets et de nouveaux problèmes. À la fin de la journée, à bout de forces, vous avez à peine rayé le début de votre liste de tâches. Et celle-ci s'est même allongée !

Vous n'êtes pas seul dans ce cas. Beaucoup de gens s'efforcent d'adopter une cadence toujours plus rapide et en subissent les conséquences. Une pression constante règne pour produire mieux et plus, avec des effectifs et des budgets qui ne cessent de diminuer.

Cependant, la maladie de l'urgence recouvre davantage que cette folie de la précipitation, dans laquelle on n'a jamais le sentiment de voir le bout de ses tâches.

Elle a aussi pour effet de couper l'individu de son rythme personnel, qui détermine son état physique, mental et émotionnel et, par conséquent, son bien-être. À force de ne pas être à l'écoute de son corps et de ne pas tenir compte de ses rythmes naturels, on n'arrive plus à mener ses activités correctement. Ou, pire, on n'arrive plus à les mener du tout.

Test : avez-vous la maladie de l'urgence ?

Ce simple test vous aidera à déterminer si vous êtes atteint par la maladie. Notez le nombre de points correspondant à chacune des affirmations :

Toujours   2 points
Parfois   1 point
Jamais   0 point

Je vis toujours dans l'urgence.

Je demande souvent aux autres de faire plus vite.

Je coupe la parole aux autres ou je termine
leurs phrases à leur place.

Je n'arrive jamais ou presque à finir mon travail de la journée.

J'ai tellement à faire que je n'arrive même pas
à prendre ma pause.

Alors que mes collègues sont déjà rentrés chez eux,
j'ai encore des choses à faire.

La plupart du temps, j'emporte des dossiers à la maison.

Quand je ne suis pas au travail, je pense aux tâches
que je n'ai pas terminées.

Quand je dois attendre dans un magasin ou un restaurant,
je m'impatiente et je proteste, ou bien je m'en vais.

J'ai parfois peur de ne pas terminer mon travail dans les délais.

Je suis toujours à l'heure et je tiens scrupuleusement mes délais.

Je suis souvent malade.

En voiture, je suis souvent en excès de vitesse.

Je râle après les conducteurs lents.

Quand ma file d'attente avance moins vite que les autres
à la caisse du supermarché, cela m'agace.

Faites maintenant le total de vos points : _____

- *Moins de 10 points ?* Félicitations ! Vous savez que quand on garde son calme, on gagne en efficacité.
- *Plus de 10 points ?* Attention ! Vous risquez d'être victime de la maladie de l'urgence ! C'est le moment de vous défaire de votre accoutumance à la vitesse et de retrouver un équilibre plus sain et plus productif, en vous réservant du temps pour le repos et la détente.

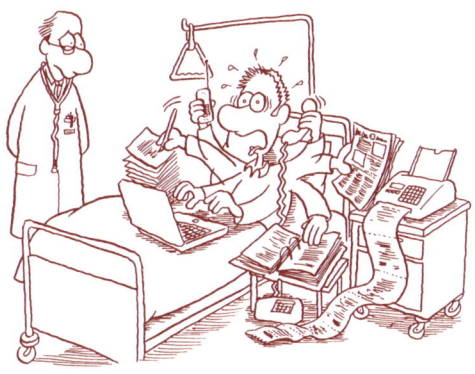

Qu'y a-t-il de si mauvais dans la *vitesse*, que ce soit dans la vie professionnelle ou privée ? N'est-il pas admirable d'être toujours en tête du peloton ? Celui qui gagne, c'est bien celui qui franchit la ligne en premier.

La vitesse, en soi, n'est pas un problème. Le problème, c'est quand elle devient l'unique critère de réussite. Quand on est victime de la maladie de l'urgence, on fonce sans plus savoir vers quoi l'on fonce. On mène les réunions au pas de charge pour les terminer à l'heure dite, et s'apercevoir ensuite qu'on a négligé le principal point à l'ordre du jour. Ah, si l'on y avait consacré plus de temps ! Ou bien on fait trois choses à la fois tout en écoutant d'une oreille distraite son mari (ou sa femme) au téléphone, sans se soucier de l'inquiétude dans sa voix, au risque de lui donner l'impression qu'il (ou elle) ne compte pas.

Certaines personnes vivent en permanence au pas de course. Elles veulent devenir le plus vite possible le conjoint et le parent idéal, le plus jeune à atteindre le sommet de la hiérarchie ou à gagner le pactole... Mais une fois arrivées là, elles comprennent qu'elles n'ont jamais vraiment eu de temps pour leurs proches, et qu'elles n'ont jamais profité de tous les moments merveilleux qui font que la vie mérite d'être vécue. *Et quand elles le comprennent, il est souvent trop tard.*

Changez de vie tant qu'il en est encore temps !

Mais comment y parvenir, alors que depuis tout petit, on nous dit de nous dépêcher ?

Tout d'abord, il faut avoir le courage d'admettre qu'on est atteint de la maladie de l'urgence. Ensuite, il faut se soigner. Trouver un nouvel équilibre en apprenant à faire les choses à la vitesse qui convient. Préserver sa santé et prendre le temps d'accroître à la fois ses performances et son bien-être à long terme. Autrement dit, s'efforcer de faire de l'équilibre une habitude.

Comment soigner la maladie de l'urgence ?
- Pendant vos loisirs, enlevez votre montre et ne pensez plus à l'heure.
- Faites un effort conscient pour planifier des moments de détente et de farniente.
- Offrez-vous une « récompense », quand vous trouvez un équilibre entre « faire » et « être », c'est-à-dire entre l'efficacité et la qualité de vie.
- De temps en temps, gardez le silence. Écoutez votre corps, vos sensations, votre intuition. Ces moments sont importants, car ils sont propices à l'inspiration.

- Aussi souvent que possible, demandez-vous si vos besoins personnels sont satisfaits. Savourez les petits plaisirs de l'existence : l'odeur du café, la beauté d'une rose qui éclot, le sourire d'un ami...
- Apprenez la méditation afin de vous apaiser.
- Faites de longues marches dans la nature.

Motivation extrinsèque/intrinsèque

Pour lutter efficacement contre la maladie de l'urgence, commencez par identifier clairement vos besoins et vos aspirations. Vous pourrez alors vous centrer sur vos objectifs principaux, sans vous enliser dans des aspects secondaires. Pour trouver ce que vous voulez vraiment, posez-vous cette question essentielle : *ma motivation est-elle extrinsèque ou intrinsèque ?*

Une *motivation extrinsèque* relève de facteurs extérieurs à l'individu. Les personnes qu'elle anime travaillent pour l'argent, pour la sécurité ou pour la reconnaissance. En général, elles effectuent des tâches qui leur sont données par d'autres, et placent au second plan leurs besoins individuels.

Elles courent le risque de se laisser absorber par les exigences des autres. Souvent, elles n'ont pas de temps pour elles-mêmes, pour se distraire et pour profiter de la vie.

Une *motivation intrinsèque* est axée sur les besoins et sur les désirs de l'individu. Ceux qui en sont animés agissent en fonction de facteurs internes, par passion ou par plaisir, par exemple. Ils trouvent un équilibre entre leurs propres aspirations et les besoins des autres. Quand ils doivent faire un choix, ils donnent la priorité à leur motivation personnelle, en définissant des limites claires pour se protéger.

Si, passant outre à vos besoins individuels, vous faites des heures supplémentaires, vous oubliez de prendre vos congés et vous négligez votre forme physique, vous serez tôt ou tard épuisé, déprimé et aigri ! Vous perdrez probablement votre temps sur des questions secondaires, par pur manque d'énergie pour prendre les choses vraiment importantes à bras-le-corps. Vous commettrez des erreurs qui étaient pourtant évitables. Il vous sera difficile de vous faire à des idées innovantes. Enfin, vous créerez autour de vous une atmosphère qui rendra difficile votre collaboration avec d'autres personnes.

Cette description vous correspond-elle ? Si oui, il devient urgent de prendre le temps de la réflexion. Demandez-vous quels changements vous devez adopter pour que votre vie vous convienne davantage. Peut-être les récentes avancées de la neurologie, examinées ci-après, vous aideront-elles.

Cerveau droit/cerveau gauche

Depuis trente-cinq ans, les chercheurs font de passionnantes découvertes sur le fonctionnement du cerveau. Nous pouvons en tirer parti pour devenir encore plus productifs et plus créatifs. Les avancées de la science neurologique concernent principalement nos deux hémisphères cérébraux, formant un tout qui ressemble à une noix. Ces deux lobes sont reliés par le corps calleux, dense réseau qui leur permet d'échanger des messages. Jusqu'au début des années 1970, on connaissait mal les différences de fonctionnement de ces deux parties du cerveau. C'est à cette époque que la recherche a commencé à révéler leur nature, à la fois opposée et complémentaire.

On sait aujourd'hui que chacun de ces lobes fonctionne de manière *totalement différente* de l'autre.

Chez une majorité d'individus, *l'hémisphère gauche* est le siège du langage. Il aime la difficulté et l'analyse détaillée. La pensée rationnelle et la logique sont sa spécialité. Il adore s'attaquer à des problèmes mathématiques complexes et jouer aux échecs.

L'hémisphère droit est très différent. Il fonctionne de manière visuelle et spatiale, et tient compte de facteurs sociaux et affectifs. Il fait face aux difficultés de manière spontanée et intuitive, en considérant davantage l'ensemble que les détails, car il a un mode de pensée global (on dit « holistique »). Il se plaît à jouer avec les idées, à prendre des risques, à relever des défis créatifs. Pendant les six premières années de notre existence, notre cerveau droit domine. Nous sommes très imaginatifs, nous pensons surtout à jouer et notre insatiable curiosité nous pousse d'un centre d'intérêt à l'autre.

À l'âge où nous fréquentons l'école primaire, les adultes encouragent et récompensent chez nous les comportements et les aptitudes relevant de *l'hémisphère gauche*. Ils attendent de nous que nous respections des règles et que nous apprenions à être cohérents, disciplinés et logiques. Il ne nous est plus permis de nous disperser. Les faits deviennent plus importants que les émotions et il n'existe plus qu'une seule réponse « correcte » aux questions. Souvent, on réprime l'imagination et la créativité des enfants, car on les assimile à de la rêvasserie et donc à une perte de temps.

Les deux hémisphères du cerveau

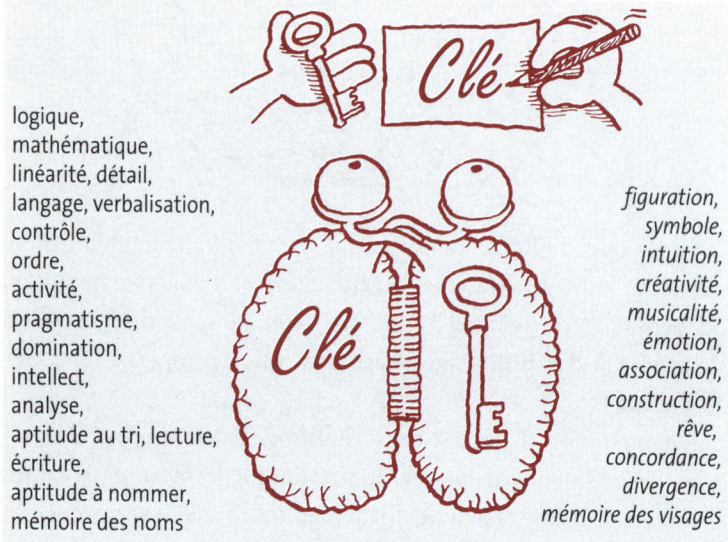

logique,
mathématique,
linéarité, détail,
langage, verbalisation,
contrôle,
ordre,
activité,
pragmatisme,
domination,
intellect,
analyse,
aptitude au tri, lecture,
écriture,
aptitude à nommer,
mémoire des noms

figuration,
symbole,
intuition,
créativité,
musicalité,
émotion,
association,
construction,
rêve,
concordance,
divergence,
mémoire des visages

À la fin de l'adolescence, l'hémisphère gauche domine ou influence la pensée et le comportement d'environ la moitié d'entre nous, tandis que chez les autres, c'est l'hémisphère droit, de la même manière qu'il y a des droitiers et des gauchers. Soulignons qu'aucun des deux ne vaut mieux que l'autre. Chaque hémisphère est tout à fait capable de résoudre la plupart des problèmes. Cependant, les personnes qui apprennent à tirer parti de leurs deux hémisphères en fonction de leurs besoins, ou avec l'aide d'une personne chez qui domine l'hémisphère inverse du leur, réussissent mieux et trouvent dans le travail plus de plaisir et de satisfaction.

La question reste débattue de savoir si cette dominance d'un hémisphère par rapport à l'autre résulte de l'inné ou de l'acquis. Une très intéressante découverte révèle qu'un important pourcentage des adultes nés par accouchement sans douleur sont ambidextres et se servent à égalité de leurs deux hémisphères.

Par ailleurs, les individus particulièrement doués, voire géniaux, se distinguent du reste de la population en ce qu'ils tirent parti de façon aussi excellente de *l'un et l'autre* de leurs lobes.

Mais chez la plupart d'entre nous, l'un des deux hémisphères prédomine. Et plus nous l'utilisons, plus cette tendance s'accentue. Dans le même temps, nous négligeons de plus en plus les capacités de l'autre lobe.

Dominance cérébrale et gestion du temps

Lequel de vos deux hémisphères utilisez-vous principalement ? Le test ci-après vous permettra de l'identifier. Faites-le en suivant votre intuition. Votre première réaction est sans doute la plus proche de la vérité !

Test : Êtes-vous plutôt « cerveau droit » ou « cerveau gauche » ?

(Établi par Ann McGee-Cooper et Duane Trammell)

Pour chacune des affirmations suivantes, entourez le chiffre qui vous correspond le mieux, de G5 (tempérament très organisé, privilégiant ce qui est prévisible et coutumier) à D5 (personnalité spontanée, souple, imprévisible, préférant l'improvisation et fuyant la routine).

Si vous êtes tantôt organisé, tantôt pas du tout, le chiffre qui reflète votre caractère est sans doute compris entre G3 et D3. Par exemple, si, au travail, vous êtes très rigoureux et respectueux d'un emploi du temps, alors que vous êtes l'inverse chez vous, entourez, sur la ligne concernée, les deux chiffres reflétant respectivement votre facette professionnelle et votre facette personnelle.

1. Le matin, vous commencez par vous fixer une liste de tâches et de priorités, à laquelle vous vous tenez ensuite.

Vous préférez vous mettre directement au travail et attaquer plusieurs tâches à la fois.

G 5 (4) 3 2 1 0   1 2 (3) 4 5 **D**

2. Il vous est facile de classer vos tâches par ordre de priorité et de définir le temps nécessaire pour chacune.

Il vous est difficile de classer vos tâches et de définir leur priorité et le temps à leur consacrer, car cela peut changer à tout moment, selon les circonstances.

G 5 (4) 3 2 1 0   1 2 3 4 (5) **D**

3. Il vous est facile de prévoir vos activités et de vous tenir à un calendrier, ce qui vous permet de préserver un équilibre entre travail et sorties.

Il vous faut commencer un projet pour vous rendre compte du temps à lui consacrer. Et vous attendez le week-end pour décider d'une éventuelle sortie, en fonction de votre humeur du moment.

G 5 (4) (3) 2 1 0   1 2 (3) 4 5 **D**

4. Il vous est facile d'assurer le suivi d'un projet. Vous aimez fignoler les détails.

À la suite d'une réunion, vous oubliez encore, deux semaines plus tard, que vous avez des appels téléphoniques à passer ou des réponses à donner.

G 5 (4) (3) 2 1 0   1 2 3 4 5 **D**

5. Quand vous organisez une réunion, vous envoyez un ordre du jour à l'avance aux participants, pour qu'ils puissent s'y préparer eux-mêmes.

Vous préférez ne pas envoyer d'ordre du jour, afin de garder une souplesse et de laisser chacun apporter sa contribution à la réunion.

G 5 (4) 3 2 1 (0)   1 2 3 4 5 **D**

6. Selon vous, une réunion doit permettre de boucler des dossiers.

Selon vous, une réunion doit favoriser un consensus et permettre l'éclosion de nouvelles idées.

G 4 3 2 1 0   1 2 4 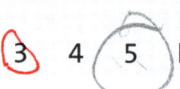 **D**

7. Vous considérez qu'une réunion doit commencer et se terminer à l'heure prévue.

Pour vous, il est plus important de garder une souplesse, de s'adapter aux besoins du groupe et de poursuivre la réunion jusqu'à ce qu'on ait fait le tour de tous les avis et contributions des participants.

G (5) 4 (3) 2 1 0 1 2 (3) 4 5 **D**

8. Votre bureau est bien rangé. Vous gardez vos dossiers dans vos tiroirs et ne posez sur votre bureau que celui sur lequel vous êtes en train de travailler.

Vous travaillez mieux quand tous vos dossiers sont à portée de main et empilés autour de vous.

G 5 (4) 3 2 1 0 1 2 3 4 (5) **D**

9. Vous pensez que vous travaillez mieux quand on vous laisse accomplir une tâche à la fois.

Vous préférez mener plusieurs projets de front, car cela vous permet d'exploiter sur l'un d'eux une idée inspirée par l'autre. Vous trouvez moins fatigant de passer d'une tâche à l'autre que de les réaliser une par une.

G 5 4 3 (2) 1 0 1 2 3 (4) 5 **D**

10. Quand on vous propose un projet qui vous prendrait trop de temps, il vous est facile de dire « non ».

Souvent, vous dites « oui », puis vous n'arrivez pas à vous départager, parce que vous participez à trop de projets et n'avez plus de temps pour vous.

G 5 (4 (3) 2 1 0 1 2 3 4 5 **D**

11. Quand vous communiquez avec l'extérieur, vous préférez le faire par écrit.

Les gens étant submergés de courrier, vous trouvez préférable de leur téléphoner ou, mieux, de les rencontrer de visu.

G 5 4 (3 (2) 1 0 1 (2) 3 4 5 **D**

12. Vous préférez réaliser des plans qui ont déjà fait la preuve de leur pertinence.

Vous aimez adopter, pour chaque situation, une approche nouvelle et spécifique, considérant que les bénéfices de l'innovation en compensent les risques.

G 5 4 3 (2) 1 0   1 (2) 3 (4) 5 **D**

13. Quand vous rangez votre bureau, votre placard ou votre garage, il vous est facile de jeter les objets devenus inutiles.

Vous avez du mal à vous débarrasser des vieilleries que vous avez la manie d'accumuler.

G 5 4 3 2 (1) 0   1 2 3 (4) 5 **D**

14. Vous lisez livres et revues de la première à la dernière page, après avoir examiné le sommaire en détail.

Vous lisez les magazines en commençant par la fin ou vous vous contentez de les feuilleter. Il vous arrive de lire le dernier chapitre d'un livre, pour voir s'il vous donne envie de lire ceux du milieu.

G 5 (4) (3) 2 1 0   1 (2) 3 4 5 **D**

15. Vous savez estimer à l'avance le temps nécessaire pour réaliser une tâche.

Vous avez du mal à estimer le temps nécessaire pour accomplir vos tâches et vous vous stressez parce que vous en avez prévu trop, dans un délai insuffisant.

G 5 (4) 3 2 1 0   1 2 3 4 (5) **D**

16. Si l'on vous en laisse le choix, vous préférez travailler seul dans votre bureau, sur le papier et avec la porte fermée.

Vous aimez travailler avec les autres, les écouter et les aiguiller vers des solutions créatives, en laissant peu de place à la paperasse.

G 5 4 (3) (2) 1 0   1 (2) 3 4 5 **D**

17. Quand vous devez assembler un meuble en kit, vous commencez par lire la notice de montage, puis vous la suivez point par point.

Vous ne consultez la notice que quand vous n'arrivez pas à faire autrement.

G (5) 4 (3) 2 1 0   1 2 3 4 5 **D**

18. Vous aimez planifier les choses longtemps à l'avance.

Vous préférez fonctionner « à l'impro ».

G (5) 4 3 2 (1) 0   1 2 (3) 4 5 **D**

19. Vous vous faites une liste de courses, par exemple en notant les produits que vous n'avez plus en stock. Sur votre liste, vous les regroupez même par rayon.

Vous notez juste quelques produits, car vous préférez sillonner les allées à la recherche d'intéressantes nouveautés. Vous aimez acheter sur un coup de tête. Vous achetez vos fruits et légumes en fonction de leur fraîcheur et d'éventuelles promotions.

G 5 4 3 2 1 0   1 2 3 4 (5) **D**

20. Chez vous, le classement est une seconde nature. Systèmes et catégories vous semblent évidents. Il vous est facile de retrouver vos dossiers, car vous les rangez dès que vous ne travaillez pas dessus.

Pour vous, le classement est un pensum et une source d'énervement. Pour un dossier, vous trouvez quatre titres différents, ce qui ne sert de toute façon à rien, car vous ne parvenez jamais à réunir les éléments du dossier.

G 5 4 3 2 (1) 0   1 2 3 4 5 **D**

21. Vous portez presque toujours une montre.

Vous aimez les moments où vous pouvez quitter votre montre. Suivre votre intuition et vos rythmes naturels est important pour vous.

G 5 4 3 2 1 0   1 2 3 (4) 5 **D**

22. Vous vous faites un point d'honneur d'être toujours à l'heure à vos rendez-vous, et même d'arriver quelques minutes à l'avance.

Vous êtes souvent en retard. Vous devez souvent repousser vos délais, ce qui ne vous empêche pas pour autant d'être submergé.

G (5) 4 3 2 1 0   1 2 3 4 (5) **D**

23. Vous donnez le meilleur de vous-même quand vous respectez un emploi du temps déjà prévu. Votre routine matinale – gym, douche, petit déjeuner – suit un ordre strict.

Vous aimez vous réserver des surprises, en modifiant votre routine.

G   5   4   3   2   1   0   1   2   3   4   5   **D**

24. L'une de vos priorités consiste à « gagner du temps », à faire en sorte que les choses soient faites et à être productif.

Vous revendiquez votre droit à « vivre le temps », en profitant de moments de détente et en savourant l'existence.

G   5   4   3   2   1   0   1   2   3   4   5   **D**

25. Vous avez tendance à tout planifier. Cela vous rend plus efficace.

Vous êtes plus efficace quand vous travaillez dans l'instant présent. Même quand vous prévoyez les choses, il vous arrive souvent de vous écarter de vos plans, pour poursuivre une nouvelle idée ou opportunité. Vous trouvez que les plans sont une complication inutile et qu'ils vous limitent.

G   5   4   3   2   1   0   1   2   3   4   5   **D**

26. Vous rangez régulièrement vos affaires, en éliminant les vieux papiers et objets superflus.

Vous aimeriez pouvoir mettre de l'ordre d'un coup de baguette magique. Vous détestez nettoyer, ranger, jeter, alors que ce qui vous réjouit, c'est de lancer de nouveaux projets.

G   5   4   3   2   1   0   1   2   3   4   5   **D**

© Ann McGee-Cooper and Associates, Inc., Dallas (États-Unis), 1998, 2007.

Résultats

Avez-vous terminé le test ? Pour savoir si vous vous trouvez près de l'une des extrémités de l'échelle, ou plutôt vers le milieu, additionnez maintenant tous les chiffres que vous avez entourés à gauche de « 0 ». Le total obtenu est votre résultat « cerveau gauche ». Puis, faites de même avec les chiffres que vous avez entourés à droite, pour aboutir à votre résultat « cerveau droit ». 61

45

Situez maintenant votre dominance gauche/droite sur l'échelle suivante : 62   35

135 118 101 84 67,5 51 34 17 0 17 34 51 67,5 84 101 118 135
45   61

G – Dominance gauche   **Dominance droite – D**

Soulignons qu'*il n'y a pas de côté « meilleur » que l'autre.* Chacun à sa manière, les deux hémisphères sont aussi importants l'un que l'autre. Mais on peut accroître sa productivité dans une mesure considérable, en cherchant sans cesse des occasions de les faire travailler et d'améliorer leur collaboration.

Chez vous, l'un des deux hémisphères domine-t-il manifestement ? Dans ce cas, donnez-vous toutes les chances d'améliorer et d'équilibrer votre mode de pensée : pour cela, trouvez quelqu'un qui présente le modèle inverse et qui vous aidera à progresser.

Vos résultats se situent au milieu de l'échelle ? Cherchez des occasions de tirer le meilleur parti de ses deux côtés.

Le secret du génie ne réside pas dans le potentiel mental à notre disposition, mais dans la façon dont nous l'utilisons. C'est ainsi que les individus les plus brillants parviennent, sans grand effort apparent, à réaliser des tâches à la fois extrêmement complexes et très créatives. C'est le cas de Léonard de Vinci, Thomas Jefferson ou Colette, par exemple, personnalités douées des talents les plus divers.

© Ann McGee-Cooper and Associates, Inc., Dallas (États-Unis), 1998, 2007.

Cerveau droit dominant

Si, chez vous, le cerveau droit domine, votre entourage vous considère sans doute comme quelqu'un de très désordonné. En fait, vous êtes très à l'aise dans cette désorganisation apparente, dans laquelle vous voyez un défi à relever. Même dans les piles de dossiers qui s'entassent sur votre bureau, vous trouvez en général ce que vous cherchez. Ce que les autres prennent pour un capharnaüm est pour vous une pépinière d'idées.

Vous n'êtes pas très amateur de listes de choses à faire. Et quand vous élaborez tout de même un plan d'action, vous n'en tenez pas compte. Cela n'a rien d'étonnant, puisque votre qualité principale, c'est de trouver des idées et non d'en assurer la concrétisation jusqu'au bout, ce qui vous paraît fastidieux. Vous êtes du genre à suivre plusieurs pistes à la fois. Vous trouvez très ennuyeux de vous consacrer à une seule chose et de travailler de manière ordonnée.

Pour vous, les relations humaines ont plus d'importance que l'horloge. Vous travaillez mieux quand vous êtes sous pression et vous vous plaisez à boucler vos projets en dernière minute. Vous êtes toujours légèrement en retard, que ce soit pour vous rendre à une réunion, remettre un rapport ou même quitter le bureau, en fin de journée. Ce n'est jamais par volonté de nuire, mais juste parce que vous avez tendance à sous-estimer la durée des embouteillages, par exemple, et que vous avez toujours envie de finir une tâche imprévue pendant les quelques minutes que vous grappillez, alors qu'il faudrait partir.

Lors des réunions, vous avez tendance à vous écarter du sujet. Vous adorez exposer vos idées aux autres, ce qui vous plaît bien davantage que de les noter sur le papier, seul dans votre bureau. Mais lorsque vous vous décidez à écrire un courrier, quelques mots ne vous suffisent pas pour exprimer exactement ce que vous avez à dire.

De manière prévisible... vous êtes imprévisible. Quand vous vous fixez des règles, vous n'arrivez jamais à vous y tenir.

Vous êtes spontané au travail comme dans la vie en général. Quand vous assemblez un meuble en kit, vous ne consultez la notice de montage qu'en dernier recours.

Papiers, journaux, vêtements... Vous avez un mal fou à les jeter. Quand vous passez votre dimanche à vider votre cave, vous trouvez dès le lundi de bonnes raisons de récupérer ce que vous étiez sur le point de mettre au rebut. Et même si vous n'avez pas la moindre idée de l'utilité de ces vieilleries, vous vous dites que dès que vous les aurez données à Emmaüs, elles vous manqueront cruellement.

Les plannings et agendas ne vous conviennent pas. Un concept vous amuse quand il en est à son lancement, mais pour vous, suivre un projet sur sa longueur est laborieux. Vous avez sûrement un calendrier ou un agenda chez vous et un autre, au bureau. Mais concilier les deux est une corvée. Sans doute avez-vous déjà lu de nombreux manuels de gestion du temps, ou avez-vous même suivi un séminaire à ce sujet – en vain. Malgré toute la pertinence de leurs principes, la plupart des stratégies de gestion du temps sont conçues par des cerveaux gauches, pour des cerveaux gauches. Elles ne tiennent pas compte des besoins très différents de ceux chez qui le cerveau droit domine et qui, par conséquent, abordent le temps selon une perspective diamétralement opposée.

Vous culpabilisez à cause de votre incapacité à faire des prévisions, à fixer des priorités et à vous tenir à un plan. Certains vont peut-être même jusqu'à vous qualifier injustement de paresseux, désordonné et peu fiable.

Pourtant, vous êtes simplement quelqu'un chez qui le visuel, le spatial et la divergence dominent. Vous abordez l'existence de manière spontanée et intuitive.

Cerveau gauche dominant

Si, chez vous, c'est l'hémisphère gauche du cerveau qui domine, vous préférez sans doute faire les choses de manière cohérente. Vous aimez vivre et travailler dans un environnement clair, net et structuré.

Vous finissez une tâche avant d'en entreprendre une autre. Après avoir utilisé un outil, vous le rangez, afin d'éviter de le chercher quand vous en aurez de nouveau besoin. Vous appréciez d'arriver au terme d'un travail ou d'un projet. Vous vous plaisez à élaborer des listes, à fixer des priorités et à suivre étape par étape un plan détaillé.

Ponctuel, vous attendez des autres qu'ils le soient aussi. Quand vous organisez une réunion, vous veillez à ce que l'ordre du jour soit envoyé à l'avance à tous les participants, pour qu'ils puissent la préparer. Vous faites en sorte qu'elle commence et qu'elle finisse à l'heure.

Vous aimez les procédures familières. Vous êtes quelqu'un de prévisible, qui respecte les règles. Chaque matin, vous commencez votre journée de la même manière : vous vous levez à la même heure, vous prenez le même petit déjeuner et vous vous installez à votre bureau à heure fixe aussi.

Vous vous reconnaissez dans ce portrait ? C'est donc que vous êtes un cas typique d'individu chez qui le cerveau gauche domine. Les méthodes traditionnelles de gestion du temps concordent avec votre conception de l'existence.

Ceux chez qui *domine l'hémisphère droit* n'ont pas vos aptitudes à la gestion du temps. Ils n'y voient que complications et sources de frustration. Pour eux, cela revient à observer le monde avec les lunettes de quelqu'un d'autre.

Les adolescents, par exemple, ont une notion du temps principalement caractéristique du cerveau droit, tandis que leurs parents essaient de les élever à l'aide de processus relevant du cerveau gauche. Comme beaucoup d'entre nous le savent par expérience, cela entraîne des frictions et, parfois, de graves conflits.

Autre exemple : en amour, nous sommes souvent attirés par des personnes chez qui domine l'autre hémisphère. Les deux s'équilibrent. Mais ce qui est terriblement séduisant lors des prémices d'une relation est soumis à l'usure du temps, une fois qu'on est marié, qu'on a des enfants et qu'on doit assumer des responsabilités complexes.

À l'inverse, au sein de comités ou lors de la réalisation de projets, les personnes chez qui le même hémisphère domine ont tendance à se rapprocher. Il n'empêche que pour qu'une équipe soit à la fois efficace et créative, elle doit rassembler des individus présentant une variété de talents et appliquant diverses méthodes de travail. La différence fait la force.

Le temps, qu'est-ce que c'est ?

En fait, le temps n'existe que dans notre esprit. La révolution industrielle a rendu omniprésent un slogan : « *Le temps, c'est de l'argent.* » Depuis, nous sommes persuadés qu'une journée ne fait que vingt-quatre heures, que le temps se déroule de manière linéaire et qu'il nous est imparti à tous en quantité égale et limitée.

Einstein a démontré que ce n'était pas vrai et que le temps est *relatif.* Vous souvenez-vous de votre dernière visite chez le dentiste ? Ces deux minutes extrêmement douloureuses vous ont paru durer deux heures. À l'inverse, la merveilleuse soirée passée avec le nouvel amour de votre vie s'est écoulée en un clin d'œil...

En prenant mieux conscience du temps, on apprend à mieux le gérer.

Quand on aime son travail, le temps passe vite. Le cerveau sécrète des neuropeptides (des endorphines, par exemple), qui ont un effet extrêmement positif sur les capacités mentales : elles développent la créativité, le dynamisme, la patience et le sens de l'humour.

Les personnes qui réussissent ont un secret : elles aiment leur travail, elles sont curieuses, elles se plaisent à jouer avec les idées. Pour elles, rien n'est impossible. En bref, elles ont une conception bien à elles de la vie.

L'un de leurs points communs est qu'elles sont douées pour faire plusieurs choses à la fois. Chacun de leurs projets en cours contribue à l'avancée et au succès des autres. Pour ces individus, l'échec est l'occasion d'apprendre. En faisant plus que les autres en moins de temps, ils aboutissent à des résultats remarquablement novateurs. Là où les autres seraient dans le doute, ils se fient à leur intuition et croient à leur rêve. *« Que vous pensiez pouvoir ou ne pas pouvoir, vous avez raison ! »*, disait l'industriel automobile Henry Ford. Les rêves audacieux sont un carburant pour le cerveau. Ils l'incitent à produire des neuropeptides, eux-mêmes source d'énergie.

Êtes-vous monochrone ou polychrone ?

Une gestion du temps individualisée est avant tout une façon d'utiliser le temps dont on dispose.

- Vous vivez en gardant l'œil sur l'horloge ? C'est que vous gérez votre temps d'une manière *monochrone*. Ce comportement est typique de ceux chez qui le *cerveau gauche domine*. L'heure est votre principale unité de mesure. Consciencieux, vous effectuez l'ensemble de vos tâches dans les temps.
- Les personnes chez qui l'*hémisphère droit domine* sont le plus souvent *polychrones*. Leur emploi du temps dépend surtout d'éléments sur lesquels aucune planification ne peut jouer, c'est-à-dire l'intuition, les émotions et les occasions qui se présentent.

Les monochrones	Les polychrones
• s'occupent d'une chose à la fois ;	• font une quantité de choses à la fois ;
• ont de bonnes capacités de concentration ;	• se laissent facilement distraire et ne voient pas d'inconvénient à ce qu'on les interrompe ;
• se plient aux impératifs d'heure ou de date (rendez-vous, délais) ;	• considèrent les impératifs d'heure ou de date comme un but à atteindre... si possible ;
• ne pouvant se contenter du contexte, ont besoin de le compléter par d'autres informations ;	• savent tirer parti du contexte et trouver des informations sans les chercher de manière méthodique ;
• font passer le travail avant tout ;	• se consacrent avant tout aux autres et aux contacts humains ;
• respectent scrupuleusement leurs plans ;	• changent de plans souvent et sans hésitation ;
• évitent de déranger les autres ;	• valorisent leur entourage ;
• préfèrent travailler seuls et qu'on ne s'immisce pas dans leurs affaires ;	• préfèrent collaborer avec d'autres personnes, plutôt que de garder le secret sur leurs occupations ;
• ont un grand sens de la propriété ; évitent de prêter ou d'emprunter ;	• empruntent souvent et prêtent volontiers ;
• entretiennent surtout des relations à court terme.	• nouent des liens indéfectibles.

Source : Edward T. Hall et Mildred Reed Hall, anthropologues[1].

---

1. Hall, Edward T., Reed Hall, Mildred, *Hidden Differences – Doing Business With the Japanese*, New York, Anchor Books, 1990.

Exemples d'activités polychrones

Anne, femme au foyer, s'occupe à la fois de son mari, de ses enfants et de son ménage. Elle doit surveiller les devoirs des enfants, les emmener à leur entraînement de foot ou à leur cours de danse, revenir les chercher ensuite et, dans l'intervalle, faire les courses. Puis elle préparera le dîner pour toute la famille. Roger, directeur de service, doit résoudre un conflit survenu parmi ses collaborateurs. Il procède de manière polychrone, car il ne sait pas exactement combien de temps il lui faudra pour que chacun des individus concernés se sente compris et pour mettre tout le monde d'accord.

Si vous êtes vous-même polychrone, votre façon intuitive et adaptable de travailler vous empêche sans doute de prévoir un programme précis. Il doit souvent vous arriver d'être en retard. Mais dans de nombreuses activités, il ne suffit pas de respecter un planning pour mener à bien son travail. Ce sont ces aspects qui sont difficiles pour un sujet monochrone.

Après avoir déterminé si vous êtes vous-même plutôt monochrone ou polychrone, vous pourrez adopter le type de gestion du temps qui vous convient.

Quand un problème survient, c'est le plus souvent parce qu'une personnalité polychrone a affaire avec une autre, monochrone.

Situation typique : un couple est sur le point de partir avec son bébé pour passer le week-end chez les grands-parents. Lui veut partir tôt, pour éviter les embouteillages. C'est sa notion de la ponctualité. Elle se demande ce qu'elle va bien pouvoir porter, tout en arrosant les plantes. Puis elle prépare les affaires du bébé, ses petits pots et ses couches. De son propre aveu, elle n'est jamais en avance, mais déclare se débrouiller pour être prête dès que possible, ce qui lui semble tout à fait normal.

Ils ont deux possibilités : soit ils ont une scène de mé-nage, soit ils tirent parti de leurs qualités respectives et de la *synergie* qui en résulte. Par exemple, le mari peut intégrer l'idée qu'il faut à sa femme plus de temps pour prépa-rer le nécessaire pour son enfant et s'apprêter elle-même. Il peut appeler les grands-parents pour les prévenir qu'ils risquent d'arriver plus tard que prévu et trouver en quoi aider son épouse, pour gagner du temps. En appréciant les points forts de l'autre, dus à sa conception différente du temps, on apprend à travailler en équipe de manière plus efficace. De plus, cela évite tensions et frustrations. Une conversation constructive permet d'anticiper les ennuis et de trouver comment mettre à profit les différences de tempérament pour atteindre des objectifs communs.

Essayez vous-même

Trouvez quelqu'un qui a un rapport au temps *opposé au vôtre*. Avec cette personne, discutez de la façon dont chacun d'entre vous perçoit et gère le temps. Ne jugez pas ce que dit l'autre. Tâchez plutôt d'être curieux de vos différences ! Cher-chez comment former une équipe qui bénéficie des qualités de chacun d'entre vous.

Même si cela vous paraît difficile au début, essayez aussi d'aborder la gestion du temps selon les deux perspectives : *celle de votre cerveau droit et celle de votre cerveau gauche.*

Monochrones et polychrones – Qualités et défauts

Monochrones – qualités	Monochrones – défauts
• Les monochrones gèrent bien leur temps.	• Obsédés par l'heure, les monochrones négligent d'autres considérations, comme ce que ressentent les autres.
• Ils sont efficaces et accordent de l'importance aux objectifs.	
• Ils savent définir des priorités.	• Ils comprennent mal les aspects non quantifiables, comme la motivation et les facteurs relationnels, par exemple.
• Ils sont fiables.	
• Ils sont ponctuels et tiennent les délais.	
• Ils sont adaptés aux activités soumises à un horaire ou à un planning.	• Obnubilés par l'efficacité, ils considèrent que nouer des liens de confiance et tenter de comprendre les différences de l'autre, c'est du temps perdu.
	• Ils limitent le temps consacré aux réunions et autres occasions d'échanger des informations de manière proactive.
Polychrones – qualités	Polychrones – défauts
• Ils aiment le contact humain et sont serviables.	• Ils sous-estiment le temps nécessaire à atteindre un objectif.
• Ils sont sensibles et ont de l'intuition.	• Ils ont du mal à tenir leurs délais et leurs engagements.
• Ils savent souder une équipe.	
• Ils savent se mettre à la place de leurs subordonnés.	• Ils sont considérés comme moins efficaces que les monochrones.
• Ils sont doués pour les activités créatives.	

Ann McGee-Cooper témoigne : « En travaillant avec un partenaire chez qui le cerveau gauche dominait, j'ai fait une découverte étonnante. Il n'était pas du tout gêné par les corvées (paperasse, classement) que je n'avais "pas le temps" d'accomplir. Mais il ne trouvait pas le temps de répondre aux messages téléphoniques, de nouer de nouveaux contacts commerciaux, ou d'élaborer des projets de séminaires ou de nouveaux produits.

L'un comme l'autre, nous avions donc tendance à négliger ce qui ne correspondait pas à nos modes de pensée et à nos méthodes de travail respectifs. C'est pourquoi nous avons décidé que chacun superviserait l'autre, afin de consacrer tous les deux autant de temps aux activités que nous préférions fuir auparavant. Maintenant, nous nous échangeons aussi du travail, chacun apportant sa contribution dans les domaines où il est le plus à l'aise. De cette façon, nous avons multiplié au moins par deux notre productivité, ainsi que la qualité de notre travail et le plaisir que nous prenons à l'accomplir. »

Conseils d'Ann Mc Gee-Cooper aux monochrones

- Pensez et prévoyez autrement que les yeux rivés sur une horloge. Lorsque vous fixez votre emploi du temps de la journée, réservez du temps pour les imprévus, qui ajoutent du piquant à la vie. Voici un conseil précieux, donné par un client : pour qu'il reste des plages de temps libre sur votre agenda, fixez-vous des rendez-vous avec des personnages imaginaires.

- Vous qui trouvez que rien n'est plus important que les rendez-vous et les délais, il vous arrive d'être pris par le temps. Changez la donne ! Décidez des tâches que vous pouvez déléguer, renvoyer à plus tard ou même annuler. Et dites-vous que le mieux est l'ennemi du bien !

- Ne soyez pas à cheval sur les horaires au point d'en devenir impoli. Lorsqu'une réunion se prolonge, ne gardez pas l'œil sur l'horloge. Proposez plutôt de poursuivre le débat plus tard, en expliquant avec courtoisie que vous avez un autre engagement.
- Au lieu de vous focaliser sur un planning, pensez aussi aux personnes qui participent au projet. Réservez du temps aux relations humaines.

Conseils d'Ann McGee-Cooper aux polychrones

- Vous qui vous complaisez dans la désorganisation, laissez entrer un peu d'ordre dans votre existence, comme si c'était un nouvel ami. Apprenez à allier votre goût de l'inattendu à des horaires plus réguliers. Essayez d'accomplir vos tâches jusqu'au bout et de manière plus organisée. Inspirez-vous des méthodes de vos collègues à dominante « cerveau gauche » ou trouvez un(e) assistant(e) pour mettre de l'ordre dans votre emploi du temps.
- Apprenez à mieux estimer le temps à consacrer à vos tâches. Notez celui que vous passez sur les plus courantes ; cela vous servira pour vos projets.
- Considérez les délais comme des promesses qu'il faut tenir pour conserver votre bonne réputation. Pour mieux y parvenir, divisez vos activités en petites tranches, avec une date butoir pour chacune. Organisez votre travail assez longtemps à l'avance pour pouvoir faire face aux impondérables. Établissez des rétroplannings (programmes conçus en remontant dans le temps à partir de la date finale du projet). Moi qui n'ai qu'une notion approximative du temps, j'ai pris l'habitude d'en compter deux fois plus qu'il me semble suffire pour chaque tâche.

Si j'achève mon travail plus tôt que prévu, je m'accorde du temps libre en récompense. Pour un projet donné, je note des plages de temps sur des Post-it. Si je fixe un rendez-vous sur l'une des plages que j'avais bloquées, je sais qu'il me faudra ce supplément de temps pour finir le projet. Cette méthode m'évite de mauvaises surprises et les « charrettes » de dernière minute.

- N'oubliez pas votre tendance à vous laisser déborder. Accordez-vous du temps pour vous détendre, vous reposer et profiter de la vie. Même si vous aimez jongler avec les projets et que plus vous en avez, mieux vous vous portez, évitez d'en entreprendre trop à la fois. Votre goût des défis peut aussi se transformer en despote. Avant d'accepter un nouveau projet, j'en parle à un collègue plus prudent que moi, au cas où je n'aurais pas pensé à certains effets négatifs de ma décision.

Êtes-vous divergent ou convergent ?

La *divergence* caractérise les sujets chez qui le *cerveau droit domine*. Poursuivre les idées les plus diverses et mener plusieurs projets à la fois les stimule. Ils recueillent des quantités d'informations et en produisent tout autant.

Les personnes chez qui le *cerveau gauche domine*, quant à elles, fonctionnent de manière *convergente*. Elles se limitent aux choses les plus importantes, vont à l'essentiel et se concentrent sur leur tâche du moment. Elles préfèrent travailler dans un cadre structuré, finir une chose avant d'en commencer une autre et ne s'engagent dans une nouvelle tâche que si le projet en cours en dépend.

Ce qui motive une personne divergente est ce qui contrarie ou fatigue une personne convergente, et *vice versa*. Chacune est dépourvue des aptitudes qui caractérisent l'autre. C'est pourquoi on a tout intérêt à collaborer avec des gens de la tendance opposée à la sienne, car on aboutit à de bien meilleurs résultats. Comprendre et apprécier les compétences de l'autre tempérament permet de gagner soi-même en productivité et en efficacité.

Comparaison convergents/divergents

Les convergents	Les divergents
• savent procéder par élimination, pour aboutir à un choix ;	• recherchent le plus vaste éventail de choix ;
• se focalisent sur les détails ;	• aiment la diversité ;
• procèdent étape par étape ;	• ont une perspective globale sur les choses ;
• font des prévisions avant de commencer un projet ;	• se lancent dans leurs projets sans avoir établi de plan précis ;
• sont logiques ;	• ont de l'intuition ;
• recherchent la sécurité ;	• aiment le risque et la liberté ;
• privilégient les solutions traditionnelles, qui ont fait la preuve de leurs avantages ;	• préfèrent les solutions non éprouvées ;
• sont considérés comme étroits d'esprit.	• sont considérés comme désordonnés et peu fiables.

Ann McGee-Cooper : « J'appartiens à la catégorie des divergents. Très persuasive et créative, j'adore découvrir de nouveaux moyens d'atteindre mes objectifs. Le plus souvent, je garde les pieds sur terre, mais j'aime aussi tenter l'impossible. C'est pourquoi il m'arrive de présumer de mes forces et de me lancer dans une quantité de projets.

Résultat : j'oublie les détails et parfois, je me laisse déborder. À cause de mon enthousiasme à poursuivre des rêves audacieux, je finis épuisée, physiquement et mentalement !

Mais j'ai appris à écouter mes collègues, quand ils me dissuadent de surcharger mon agenda. Je veille maintenant à préserver un équilibre entre ma vie privée et ma vie professionnelle. C'est avantageux pour nous tous, car nous sommes ainsi à la fois plus créatifs et plus efficaces. »

Des règles souples

Si vous êtes un cas typique de *personne divergente et chez qui domine l'hémisphère droit*, il est probable que malgré tous vos efforts, vous ne soyez pas apte à respecter les règles traditionnelles de gestion du temps : avec vous, elles ne fonctionnent pas ! Non pas que vous ne les compreniez pas. Mais elles ne correspondent pas aux méthodes que votre cerveau utilise pour gérer le temps et accomplir son travail.

La gestion traditionnelle du temps se fonde sur des processus *convergents*. Elle a été conçue par des individus convergents pour des individus convergents, à l'aise dans les systèmes linéaires et prévisibles. Même si ces règles sont compréhensibles pour un individu divergent, elles sont incompatibles avec sa façon de penser et d'agir.

Ces méthodes traditionnelles ne conviennent donc pas aux personnes qui ont un mode de pensée essentiellement divergent. Mais à l'inverse, si elles ne reposaient que sur une démarche divergente, elles seraient tout aussi inefficaces pour les individus convergents et dominés par leur cerveau gauche.

Simplement, les règles traditionnelles de la gestion du temps sont adaptées à certaines personnes et pas à d'autres. Cela signifie non pas qu'elles sont bonnes ou mauvaises, mais qu'il faut des règles flexibles, propres à aider tout le monde. Désormais assouplies, quelles sont-elles ?

Règle 1 : Dresser une liste de tâches, c'est aussi créer

Pour les esprits *convergents*, rien n'est plus facile que de dresser une *liste de tâches* à effectuer. En fait, avant même de la rédiger, ils l'ont déjà mentalement mise en ordre. Ils n'ont aucune difficulté à se concentrer sur les points les plus importants et donc à échafauder un programme cohérent, qu'ils peuvent accomplir dans des délais raisonnables.

Quand les esprits *divergents* établissent ce genre de liste, si tant est qu'ils se lancent dans l'entreprise, ils le font en toute spontanéité, parmi d'innombrables choses. Avant même de saisir leur stylo, ils se sont dispersés dans tous les sens. Ils ont réfléchi à tel ou tel projet, anticipé leurs activités de bénévolat du lendemain ou songé à leurs prochaines vacances, tout en notant quelques mots ici et là. En fait, ils ne dressent pas une liste de tâches, ils se livrent à une séance de remue-méninges. Le résultat, bien trop long, n'est pas vraiment exploitable.

Mais ils en sont satisfaits, car cela leur a inspiré une série de nouvelles idées – et pour eux, c'est le principal. Établir cette liste les amuse. C'est quand ils doivent s'y tenir qu'ils sont déçus et perdent leur motivation.

Règle 2 : Se fixer des priorités, c'est aussi se faire plaisir

Autre tâche facile pour les individus *convergents* : se fixer des priorités. De toute façon, dans leur esprit classificateur, tout est soit noir, soit blanc. Les tâches se répartissent en priorités A (important et urgent), B (important, mais pas urgent) et C (urgent, mais pas important). Le reste appartient à la catégorie D... et mérite juste d'être effacé de la liste.

Pour les *divergents*, fixer des priorités est un authentique tour de force ! Leurs listes sont au moins trois fois plus longues que celles des convergents. Au lieu de définir ce qu'il *faut faire*, ils rêvent de ce qui *pourrait se produire*. En fait, il leur est à peu près impossible de fixer des priorités. Qu'on puisse tout classer en A, B, C ou D les laisse perplexes. Un cerveau gauche décide de ce qui est à mettre dans la liste ou à éliminer, de même qu'un interrupteur allume ou éteint la lumière. Un cerveau droit fonctionne comme un variateur : il se trouve devant un vaste choix de degrés d'éclairage. Pour lui, les priorités changent d'un moment à l'autre. En fonction de ce qui se déroule par ailleurs et des perspectives à considérer, une chose peut devenir soudain très importante, ou pas du tout. Telle tâche sera extrêmement urgente du point de vue de leur patron, alors qu'un appel téléphonique à leur conjoint leur paraît passer avant. Nous approfondirons ce sujet par la suite.

Voilà pourquoi les esprits divergents renoncent à pratiquer la gestion du temps, considérant qu'elle n'est pas faite pour eux.

Ann McGee-Cooper : « Je suis bien placée pour comprendre les difficultés et les frustrations des divergents. J'ai enseigné les méthodes classiques de gestion du temps pendant douze ans, en espérant toujours apprendre à les mettre en pratique moi-même. J'ai lu une quantité de manuels, vu je ne sais combien de films sur le sujet. J'ai fait de mon mieux pour appliquer leurs préceptes et leur système de planification. Mais je n'arrivais pas à garder une cohérence. Tout ce que j'en retirais, c'était de la frustration, de la culpabilité et des doutes sur moi-même. Mais j'ai fini par m'apercevoir que plusieurs de mes clients, parmi ceux que j'admirais le plus, réussissaient dans leur vie professionnelle et étaient plutôt heureux dans leur vie privée, alors qu'ils ne respectaient en rien les règles de la gestion du temps traditionnelle. En fait, ils étaient tous divergents et dominés par leur cerveau droit. J'ai donc compris qu'il y a deux façons opposées d'aborder la gestion du temps, et qu'elles s'équilibrent ! »

Ann McGee-Cooper poursuit : « J'ai réfléchi à ma propre notion du temps et, à partir de là, j'ai mis au point de nouvelles méthodes, plus adaptées à mon esprit divergent. Par exemple, quand j'établis mon programme pour la journée, je répartis mes tâches entre les "obligatoires" et les "agréables". Puis, je place en tête de liste celles qu'il me semble possible d'accomplir avant midi. En dessous, je trace un trait. Je me promets à moi-même une récompense, que je m'accorderai si j'effectue l'ensemble de cette partie de la liste. Cette récompense peut consister simplement à fixer rendez-vous à une amie pour déjeuner ensemble, ou à sortir prendre l'air. En limitant le nombre de mes objectifs, je compense ma tendance à sous-estimer le temps nécessaire pour chaque chose et pour les interruptions qui font partie de mon travail. J'inclus au programme quelques "récréations", qui me permettent de garder mon énergie jusqu'au soir.

Conseils aux divergents

Pour un divergent, l'idée même de classer les tâches dans les catégories A (très importantes), B (moyennement importantes) ou C (peu importantes) a de quoi laisser perplexe. Car en l'espace de quelques minutes, son ordre de priorité peut changer du tout au tout. Supposons, par exemple, qu'une demande de devis paraisse, à première vue, très peu urgente. Mais le client appelle : il doit faire immédiatement valider le devis par son patron. En un clin d'œil, ce point de la liste bondit au sommet des priorités !

Noter chacune des tâches de la liste sur un Post-it, qu'on fixe sur une feuille de papier, permet de les réorganiser en fonction de l'évolution de leur importance. On a alors un classement non pas linéaire, mais global : l'ensemble des tâches comme un tout et organisé par sujets tels que : « clients », est considéré « privé », « appels téléphoniques », « projets », etc. On peut en modifier l'ordre à tout moment de la journée. Cette méthode a un aspect ludique et créatif qui convient au mode de perception visuel et spatial des divergents. À la fois souple et cohérente, elle les incite à mieux tenir leurs engagements.

La gestion traditionnelle du temps est également gênante à cause de cette règle qui veut qu'on commence par A, et pas par C. Pourtant, il arrive qu'on n'ait tout simplement pas l'énergie nécessaire pour s'attaquer à une tâche de grande envergure. Je sais qu'en m'occupant instinctivement de tâches mineures, non seulement j'avance tout de même dans mon travail, mais souvent cela me donne des pistes que j'utiliserai ensuite pour effectuer une tâche plus exigeante. C'est mon intuition qui entre alors en jeu, en suivant des voies imprévisibles.

Nous devons veiller aux pièges que nous tendent notre rationalisation créative et notre tendance à remettre à plus tard. Entre convergence et divergence, aucune des deux n'est préférable à l'autre. Elles ont toutes les deux leurs avantages, c'est pourquoi je vise à intégrer les deux. Par exemple, si je me rends compte que je remets à plus tard une tâche de longue haleine, je me reprends et je me demande pourquoi. En général, en en discutant avec un collègue ou en la divisant en petites portions, j'arrive à m'y mettre. Et une fois lancée, je m'aperçois que je progresse facilement. Je surveille aussi les variations de mon énergie au fil de la journée : au moment où j'en ai le plus, je m'attaque aux travaux les plus difficiles, puis, quand mon tonus baisse, je me reporte sur des tâches moins exigeantes.

Les *convergents* ont du mal à comprendre cette façon de procéder – ce qui ne signifie pas qu'ils doivent s'en tenir à leurs propres méthodes. Il leur est extrêmement bénéfique de comprendre une *gestion du temps divergente*, car cela leur permet d'exploiter les talents naturels des divergents. L'interaction des forces respectives d'individus convergents et divergents produit une équipe gagnante. De plus, nous avons tous des partenaires ou collaborateurs du type opposé au nôtre. Au

lieu d'imposer notre préférence à nos subalternes, nous devons absolument comprendre et apprécier leur différence, afin de nous compléter et de mieux travailler en équipe. »

Règle 3 : Tenir un agenda, oui, s'il est flexible, créatif et amusant

Tout le monde a besoin d'un agenda, d'un calendrier ou d'un planning. À première vue, cette nécessité banale semble concerner uniquement les personnes convergentes. Pourtant, agendas ou plannings offrent de très diverses possibilités. Ils se présentent par journée, par semaine ou par mois et en plusieurs formats. Les uns se consultent à plat, les autres se suspendent au mur. Il en existe aussi sous forme d'applications informatiques pour ordinateur, téléphone portable ou autres accessoires électroniques. Quant aux éléments de décor : couleurs, photos ou autres, le choix est infini – un vrai régal pour un esprit divergent. Mais ces vastes possibilités peuvent vite se transformer en énorme problème !

En effet, les divergents ont du mal à faire des choix. Ils préfèrent largement acheter un lot entier, pour essayer ensuite chaque article et voir ce qui leur convient le mieux. C'est ce qui leur cause souvent des ennuis, malheureusement. La nouveauté d'une diversité de solutions nous séduit, mais elle nous pose un problème épineux.

Supposons qu'en visite chez un client, nous fixions un nouveau rendez-vous à l'aide de notre Smartphone ou que nous notions la date sur un carnet. De retour à notre bureau, nous oublions de la reporter sur notre agenda. Et le soir, chez nous, des amis nous appellent pour nous proposer de prendre l'apéritif ensemble la semaine suivante. Nous notons la date sur le calendrier de la cuisine. Mais comme nous détestons la paperasserie, nous négligeons de regrouper tous nos engagements sur un seul agenda. Résultat : la réunion et l'apéritif coïncident ! Cette source prévisible d'embarras sert de prétexte aux divergents pour affirmer que les agendas ne sont pas faits pour eux !

Par conséquent, les leçons à retenir pour les sujets divergents sont les suivantes :

- faire le plus simple possible ;
- privilégier des systèmes visuels, rendus plus lisibles par des couleurs, des formes, des tailles ;
- rester souple ;
- rechercher les côtés divertissants.

Ann McGee-Cooper : « Un agenda qui a quelque chose de nouveau m'incite beaucoup plus à m'en servir qu'un autre, plus banal. Même si je le paie un peu plus cher, c'est un investissement justifié car j'y gagne en organisation. Dans mon agenda, je garde toujours des Post-it, ainsi que trois feutres et des étiquettes multicolores. Lorsque je dois fixer un rendez-vous alors que je suis à l'extérieur, soit j'appelle mon bureau pour vérifier la disponibilité d'une plage horaire, soit je consulte mon Smartphone, soit je note la date sur un Post-it que je colle sur mon dossier, afin de tenir mon assistante au courant dès que je rentre. Et je lui demande de confirmer le rendez-vous. J'ai compris qu'en transformant certaines pratiques en habitudes, je libérais du temps pour des activités plus créatives, notamment le côté innovant de notre entreprise. Quand je néglige les aspects administratifs – remettre les choses à leur place quand je n'en ai plus besoin, noter les réunions sur tous mes agendas et les confirmer auprès de l'ensemble des participants, par exemple –, cela engendre des situations d'urgence et d'énormes pertes de temps, simplement parce que je ne sais pas ce que j'ai fait d'un dossier ou de mes clés de voiture, ou que j'ai oublié un délai.

Mes collègues et moi avons aussi découvert que quand un "cerveau droit" est privé de plaisir, il perd ses bonnes habitudes. Pour garder un équilibre, il doit donc ponctuer son existence de récréations propres à lui procurer de petites joies. C'est l'un des grands secrets du principe selon lequel, quand on va moins vite, on va plus vite. Cela consiste à alterner les moments de distraction et de travail ardu, les moments de spontanéité et d'efforts prolongés pour parvenir au bout de sa tâche. C'est ainsi qu'on arrive à faire plus et mieux en moins de temps, et à être satisfait de sa productivité. Pour cela, il faut apprendre à tirer parti des qualités respectives des deux hémisphères. »

Essayez vous-même

Mettez de la couleur dans votre agenda ! Il suffit de quelques feutres pour que la gestion du temps vous paraisse soudain plus séduisante. Voici quelques astuces :

- Surlignez en *jaune* vos déplacements, afin de penser à les organiser à l'avance. Vous prendrez ainsi conscience que vous passez trop de temps sur la route ou dans les trains, et pas assez à votre bureau ou auprès de votre famille.

- Surlignez en *rouge* les engagements qui requièrent beaucoup de préparation. Cela vous évitera de les fixer de manière trop rapprochée, sans laisser l'intervalle nécessaire pour mettre au point vos présentations et répéter vos exposés.

- Utilisez un feutre *orange* pour les réunions et les rendez-vous qui ne demandent pas de préparation.

- Marquez en *vert* toutes les activités prometteuses de nouveauté et de divertissement. Veillez à ce que votre agenda soit à dominante verte, car c'est la condition indispensable pour vous motiver durablement. La perspective d'événements agréables vous donnera encore plus d'énergie et d'enthousiasme. En outre, si votre agenda ne vous sert que pour prévoir des occupations purement professionnelles, vous risquez de le perdre, en cherchant inconsciemment à vous défaire de sa tyrannie. Chaque jour, prévoyez un moment de plaisir. Ainsi, vous aurez plus envie de consulter votre agenda. Il deviendra l'actif auxiliaire de votre respect des horaires et des délais.

Pour que votre système de gestion du temps fonctionne, réservez des plages de temps pour vous et pour ce que vous aimez vraiment faire, en vous y tenant tout autant qu'à vos obligations profession-nelles. Chaque fois que vous dressez votre programme de travail, que ce soit pour la journée ou pour la semaine, prenez l'habitude d'y inclure de la nouveauté et de la distraction.

Règle 4 : Rendre son programme souple et créatif, pour mieux le respecter !

Pour les individus *convergents*, élaborer un programme, puis l'accomplir point par point, c'est « du gâteau ». Mais pour les *divergents*, il n'y a rien de plus difficile. En effet, ce qu'ils aiment, c'est commencer un projet, puis prendre une nouvelle orientation en cours de route. Certains trouvent que leur im-prévisibilité est prévisible, et ils ont de bonnes raisons pour cela. Ils détestent la routine. Pour eux, rien n'est plus ennuyeux que de suivre un planning étape par étape.

- Les *convergents* diront : « Pourquoi réinventer la roue ? Quelle perte de temps ! »
- Les *divergents*, eux, éprouvent un *profond besoin* de réin-venter la roue ou de chercher à améliorer l'existant par les moyens les plus créatifs. S'attaquer à quelque chose de nouveau au lieu d'avoir l'impression de subir une routine est leur principale motivation.

Pour ces derniers, l'astuce consiste à modifier sans cesse l'organisation de leurs tâches.

Ann McGee-Cooper : « De temps en temps, j'entre dans une pape-
terie pour acheter des fournitures qui me plaisent, soit parce qu'elles
sont pratiques, soit parce que je les trouve juste sympas. Il peut s'agir,
par exemple, de feutres de couleur inhabituelle ou d'un gros trom-
bone pour rassembler mes Post-it. Parfois, je me contente d'essayer
ces gadgets. L'important est d'avoir retrouvé l'enfant qui est en moi et
de l'avoir convaincue d'accomplir des choses peu attrayantes : s'organiser et tenir ses délais, par exemple. »

Pour inciter un divergent à mieux s'organiser, tous les moyens sont bons !

Un *convergent* ne fait un achat que s'il en a vraiment besoin.
À l'inverse, un *divergent* achète souvent des choses superflues.
Ce qui l'attire, c'est la nouveauté. Il peut très bien acquérir un
objet simplement pour le plaisir. Parce que ça l'amuse. Étant
donné que la tenue d'un agenda et tout ce qui a trait à l'organisation font partie des choses qui lui semblent aussi rébarbatives
qu'épuisantes, il faut absolument trouver des moyens d'entretenir son énergie et sa concentration sur ce genre d'activités.

Ann McGee-Cooper poursuit : « Si vous êtes divergent, l'un
de ces moyens consiste à vous procurer des outils nouveaux qui
vous plaisent, chez qui l'aspect visuel prime. Ces "achats créatifs"
ont des effets très positifs sur le degré d'énergie, de concentration et de productivité. L'investissement en vaut donc largement
la chandelle. Vous craignez de dépasser votre budget ? Fixez-le
à l'avance ou bien notez les frais que ces achats ont représentés
et soupesez-les par rapport aux avantages à long terme qu'ils
vous apportent. J'ai récemment investi dans un Smartphone.
Je ne perds donc jamais le contact avec mon ordinateur, mon
agenda et mon courrier électronique. Au premier abord, son prix

pouvait paraître exorbitant. Mais moins de deux semaines après l'avoir acheté, j'ai reçu, alors que j'étais en voyage, un e-mail d'un client avec qui j'ai immédiatement pu fixer rendez-vous. Ce client vient d'apporter la moitié des recettes annuelles de notre cabinet. Et ce, parce que j'appréciais mon nouveau gadget et ne le quittais plus ! Conclusion : quand j'investis dans un accessoire qui m'incite à exploiter les qualités organisationnelles de mon cerveau gauche, je ne le regrette pas. »

Vitesse et satisfaction

La *vitesse* et la *satisfaction* sont aussi opposées que les per-sonnalités convergentes et divergentes. Mais là aussi, l'alliance des deux mène à la réussite. À l'inverse, si l'on sacrifie l'une au profit de l'autre, on s'expose à une considérable perte de productivité, à long terme.

Pendant l'enfance et l'adolescence, on nous incite à laisser le jeu et l'amusement de côté, pour privilégier l'étude. Cela doit nous permettre de trouver un emploi, plus tard. En quelque sorte, c'est une récompense à retardement. L'invention de la chaîne de montage et l'étude des cadences nous ont fait croire que les processus standardisés étaient plus productifs et plus rentables. Pourtant, chercher seulement à travailler plus vite et de manière plus efficace, c'est oublier la créativité dont nous, êtres humains, sommes aussi capables.

Ne sacrifiez pas votre potentiel créatif sous prétexte de rapidité et d'« efficacité ».

Les personnes qui gardent un équilibre entre travail et plai-sir vivent plus longtemps. Elles profitent davantage de la vie et sont plus « productives », dans tous les aspects de l'existence.

Cerveau gauche ou cerveau droit, monochronie ou polychronie, convergence ou divergence... Le secret de la réussite consiste à rechercher sans cesse un équilibre harmonieux entre ces contraires. Il faut ainsi contrebalancer l'obligation de vitesse et d'efficacité par des choses agréables, qui apportent une satisfaction d'ordre affectif. Cela peut être aussi simple que d'avoir les moyens d'offrir des études supérieures à ses enfants, ou de travailler au sein d'une entreprise utile aux consommateurs et soucieuse de l'environnement. Poursuivre une vocation profonde, prendre le temps d'établir des liens de confiance avec notre clientèle, apprécier les talents de personnes qui ne nous ressemblent pas et les mettre en synergie avec les nôtres, respecter nos propres besoins sont d'autres sources où puiser d'énormes satisfactions personnelles. Cela procure un surcroît d'énergie à consacrer à nos tâches quotidiennes.

Notez bien que la distraction et la détente ne sont pas un luxe à s'accorder seulement une fois le travail fini. Car quand on est parent et qu'on occupe des fonctions à responsabilité dans son entreprise, on n'a jamais terminé ! Finir ses devoirs pour pouvoir jouer ensuite, c'était valable quand nous étions petits. Mais avec tout ce que nous exigeons de nous-mêmes, maintenant que nous sommes adultes, ce système ne serait pas viable. Par conséquent, désapprenez ces règles dépassées, car inaptes à soutenir vos meilleures performances créatives. Ceux qui apprennent à vivre agréablement, aussi bien au travail que chez eux, sont les mieux récompensés. La force puisée dans la différence apportera une synergie nouvelle à votre existence. Et en tirant parti de vos deux hémisphères pour gérer votre temps, vous aurez l'extrême satisfaction d'apporter à tout ce que vous faites ce qu'il y a de meilleur en vous !

Gestion du temps, gestion de la vie

« On ne peut ajouter de jours à sa vie,
mais on peut ajouter de la vie à ses jours. »
Anonyme

L'idée de « gestion du temps » est contradictoire. En effet, gérer le temps, c'est impossible. Tout ce que nous pouvons gérer, c'est nous-mêmes. Autrement dit, la gestion du temps, c'est la *gestion de soi*. Le temps s'écoule de manière inévitable, continue et immuable. Pour le comprendre, restez sans rien faire quelques instants...

... Que s'est-il passé ? Votre « horloge interne » s'est rappro-chée de quelques secondes du moment où elle s'arrêtera défi-nitivement ! Ne vous en déplaise, il est impossible de la faire revenir en arrière. Mais vous pouvez organiser votre temps de manière *proactive*, de façon à répondre à vos besoins – ou du moins, d'essayer !

Une « règle » de vie

Imaginez une règle d'un mètre de long, graduée de 1 à 100. Mettez le doigt sur le nombre correspondant à votre âge. Regardez ceux qui sont à *gauche* de votre doigt. Ils représentent votre passé : les jours, les mois, les années que vous avez déjà vécus. Cette évocation vous est peut-être agréable, ou pénible, ou les deux. Quoi qu'il en soit, cela n'a plus d'importance. Vous ne pouvez ni revivre le passé, ni le modifier. La colère que cela vous inspire peut-être n'y changera rien. *Les jeux sont faits !*

Mais ce qui est bien plus important, c'est ce qu'il y a à *droite* de votre doigt.

- Combien d'années de « capital-temps » vous reste-t-il à dépenser, selon les statistiques démographiques ?
- Dans ce qu'il vous reste de temps à vivre, que pouvez-vous et qu'aimeriez-vous accomplir ?

La réponse est – littéralement – entre vos mains !

Les vignerons allemands ont trouvé ce slogan : *« La vie est trop courte pour la passer à boire de la piquette ! »* En suivant leur exemple, gardez ceci à l'esprit :

Ce jour est le premier de votre *nouvelle* vie, celle qui commence avec votre *nouvelle conscience du temps*.

Gérer son temps, comme le comprennent de plus en plus de personnes, c'est gérer sa vie. Cela consiste donc à bien plus qu'à juger du degré de priorité d'une lettre ou d'un message.

Gérer son temps, c'est se gérer soi-même, autrement dit décider activement du cours de son existence. C'est cela, le *Life Leadership*®.

Chacun d'entre nous doit décider soit de gérer lui-même son temps, soit de laisser d'autres personnes s'en charger à sa place. On ne peut évidemment pas modifier son environnement autant qu'on le voudrait. Mais dans une certaine mesure, c'est possible.

Se réapproprier son temps, c'est l'adapter à l'existence qu'on veut mener, en fonction des circonstances, bien entendu. Mais on peut influer sur les circonstances !

Pratiquer une gestion du temps dans ce monde en accélération, cela veut dire privilégier le rythme plutôt que la vitesse, et vous concentrer sur ce qui est vraiment important pour vous, dans votre vie professionnelle et privée. Cela veut dire trouver l'équilibre entre les deux.

La gestion du temps se transforme alors automatiquement en autodétermination, notion que Stephen Covey décrit en détail dans ses livres.

Le temps, c'est de l'argent, mais surtout de la vie

« Le temps c'est de l'argent. » Ce dicton est sans doute le plus universel à propos du temps. Mais nous devons opposer cette vision matérialiste et quantitative à une autre, qualitative : le temps, c'est de la vie. En effet, il a bien plus de valeur que l'argent, car il est aussi irremplaçable que la vie.

Quand on perd de l'argent, on peut toujours le regagner. Mais pour le temps perdu, ce n'est pas le cas. Si quelqu'un essaye de vous subtiliser 200 euros, il se peut que vous vous battiez pour l'en empêcher. Mais s'il vous vole deux heures de votre temps, vous n'y pourrez rien. Comme le disait Napoléon : *« Il y a une espèce de voleur que les lois ne recherchent pas, et qui dérobe ce que les hommes ont de plus précieux : le temps. »*

L'une des principales difficultés de la gestion du temps est que, souvent, nous nous laissons déborder par les urgences de notre quotidien professionnel, qui nous font perdre de vue ce qui compte le plus pour nous dans l'existence. Toutes sortes de pressions s'exercent sur nous, exigeant que nous surmontions les problèmes les plus divers et ce, pour avant-hier. C'est ainsi que nous repoussons nos véritables priorités à plus tard, quand nous « aurons le temps ». Mais en fait, ce temps, nous ne l'avons jamais.

La gestion du temps au jour le jour combat des symptômes, mais elle ne s'attaque pas à la racine du problème. Agendas et plannings, y compris sous forme d'applications informatiques, nous aident à faire face à des journées de travail toujours plus agitées. Listes de tâches, tableaux judicieusement conçus et autres outils de gestion de projet nous rendent indubitablement service. Ils nous permettent de créer des emplois du temps complets, de mieux définir nos priorités et d'éviter des pertes de temps. Pratiquée de cette manière, la gestion du temps améliore de façon constante notre *efficience* car, quoi que nous fassions, nous le ferons *correctement*. Mais quand nous concentrons nos efforts sur des activités qui ne sont pas pertinentes, nous sommes pris par le temps – tout en nous considérant comme très professionnels ! En d'autres termes, « on n'y voit pas plus clair, mais on est monté au niveau au-dessus », comme aurait dit le physicien Enrico Fermi.

Cette semaine, avez-vous travaillé 70 heures, parcouru 2 000 kilomètres en voiture et rendu visite à 37 clients ? Considérez-vous cela comme une performance ?

En fait, le résultat de vos efforts est discutable, car l'efficience compte moins que l'efficacité. Dès les années 1960, Peter F. Drucker, premier gourou du management moderne, observait que la question n'est pas de faire un peu de tout, mais de faire en premier ce qui doit passer en premier (comme il l'explique dans son livre, *L'Efficacité, objectif n° 1 des cadres*[1]). Être efficace ne consiste pas à courir en tous sens comme un automate frénétique, mais à accomplir les tâches qui conviennent.

Supposons que vous aperceviez des billets de banque sur le trottoir : un de 100 euros et plusieurs de 5 euros. Sur lequel bondissez-vous en premier, surtout si d'autres passants en font autant ? Sur le plus gros, évidemment ! C'est cela, être efficace. Et c'est ainsi que tout le monde ferait. Mais vous, cette semaine, êtes-vous allé à l'essentiel, ou vous êtes-vous perdu dans une multitude de tâches secondaires ?

« Être efficient, c'est faire les choses comme il faut.
Être efficace, c'est faire ce qu'il faut. »

1. Drucker, Peter F., *L'Efficacité, objectif n° 1 des cadres*, traduit de l'américain par J. E. Leymarie, Paris, Éditions d'Organisation, 1968.

Ceux qui croient qu'il suffit d'acheter un agenda ou de participer à un stage de gestion du temps devraient y réfléchir à deux fois. Certes, ces moyens peuvent améliorer leur *efficience*, mais pas nécessairement leur *efficacité*. L'important est de savoir dans quelles tâches on investit son temps, et donc sa vie. Ce n'est qu'en donnant plus de sens à ses actes qu'on peut non seulement gérer son *temps*, mais aussi gérer sa *vie*.

Pour atteindre à ses objectifs les plus importants, dans la vie professionnelle et privée, il y a de *nombreux stades intermédiaires* entre le simple calendrier tenu au jour le jour et ces grands moyens que sont le *temps holistique* et la *gestion de soi*.

Les stades représentés par les plus basses marches (*Niveaux 0 à 3*) de l'escalier page 79 sont ceux où se situent, pour la plupart des gens, les compétences en gestion du temps. Ceux-ci notent leurs rendez-vous sur un calendrier et tiennent une liste de choses à faire, qu'ils suivent point par point. Les vrais « pros », quant à eux, utilisent un agenda ou un planning (*Niveau 4*). Certains d'entre eux se fixent même des objectifs à l'année (*Niveau 5*), voire pour toute leur existence (*Niveau 6*). Rares sont les individus qui réussissent à faire concorder leur emploi du temps quotidien et leurs buts à long terme (*Niveau 7*). Les chapitres suivants sont consacrés à chacune des marches à monter pour atteindre le sommet de l'escalier.

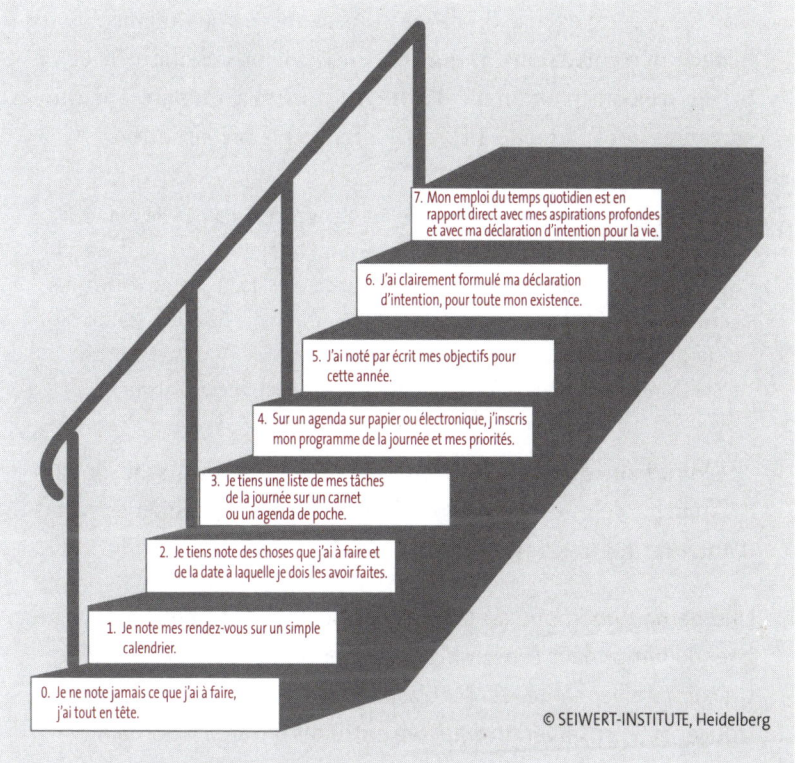

Harmonie vie professionnelle/vie privée

« Rien n'est poison, tout est poison :
seule la dose fait le poison. »
Paracelse

« *Je regrette, je n'ai pas le temps !* » Combien de fois vous a-t-on servi cette excuse ou l'avez-vous avancée vous-même ? Pour beaucoup d'entre nous, l'*équilibre* entre vie professionnelle et vie privée n'existe plus aujourd'hui. Un ami m'a raconté l'histoire suivante, qui l'a amené à reconsidérer sa propre situation :

> Il y a quelque temps, un copain de fac dont je n'avais pas de nouvelles depuis des années m'a téléphoné. Il était à l'hôpital. Alors qu'il n'avait que 43 ans, il venait de faire une crise cardiaque. Juste avant, sa femme était sur le point de le quitter. Il ne trouvait jamais de temps pour elle ni pour leurs enfants, car il faisait toujours passer son travail avant le reste. Mais désormais, il voulait changer complètement d'attitude.

Quand on donne trop d'importance à un domaine de son existence, cela crée automatiquement des problèmes dans d'autres, tout aussi importants.

Une *gestion holistique du temps et de soi* vise non seulement à gagner du temps dans l'ensemble des aspects essentiels de l'existence : travail, famille, santé, sens et aspirations profondes, mais aussi à trouver et à conserver un *équilibre* entre ces différents domaines.

Cette idée se fonde dans une large mesure sur les travaux de Nossrat Peseschkian (www.wiap.de), fondateur de la psychothérapie positive. Ses recherches interculturelles lui ont permis d'identifier les quatre facteurs dont dépend l'harmonie entre notre vie professionnelle et privée.

Modèle de vie harmonieuse (d'après Peseschkian/Seiwert)

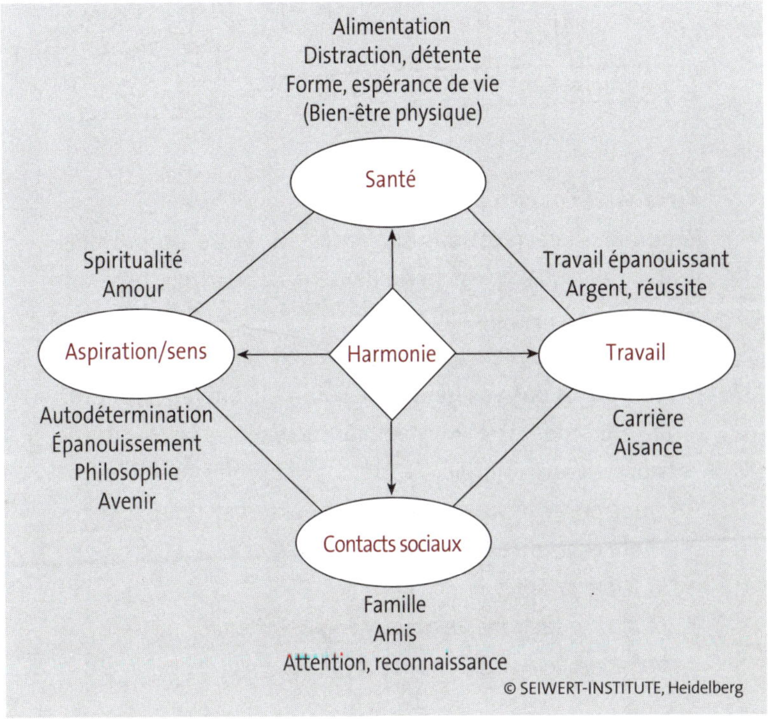

Alimentation
Distraction, détente
Forme, espérance de vie
(Bien-être physique)

Santé

Spiritualité
Amour

Travail épanouissant
Argent, réussite

Aspiration/sens ← Harmonie → Travail

Autodétermination
Épanouissement
Philosophie
Avenir

Carrière
Aisance

Contacts sociaux

Famille
Amis
Attention, reconnaissance

© SEIWERT-INSTITUTE, Heidelberg

Chacune de ces facettes de l'existence *dépend des autres.* Par exemple, quand on passe trop de temps au travail, on néglige forcément d'autres aspects. Si vous vous laissez envahir par vos activités professionnelles, vous aurez moins de temps à consacrer à votre famille et à vos amis, et votre santé en pâtira aussi. En outre, vous serez moins disponible pour réfléchir au sens profond de votre vie et à vos valeurs personnelles. Tôt ou tard, vos performances et votre motivation s'amoindriront. En fin de compte, « plus » se sera transformé en « moins ».

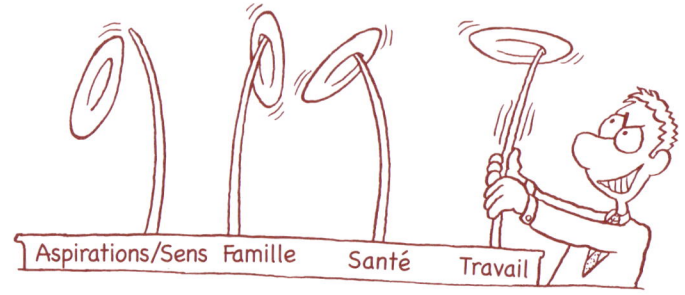

Aspirations/Sens Famille   Santé   Travail

Vivez-vous en harmonie ?

Répondez aux questions suivantes sur votre propre existence, telle qu'elle est actuellement et non pas telle que vous souhaiteriez qu'elle soit.

- Pendant quel pourcentage de vos heures d'éveil (ne comptons pas vos heures de sommeil, qui représentent un tiers de votre journée) consacrez-vous votre attention et votre énergie à votre *activité professionnelle* ?
- Quel pourcentage de ce temps réservez-vous à votre *santé* et à votre *bien-être* ?
- Et à vos *proches* ?
- Et aux questions relatives à la *spiritualité,* au *sens de votre vie,* à *vos aspirations profondes,* à *votre avenir,* etc. ?

Répartissez les 100 % de votre temps entre ces quatre grands domaines. Faites-le sans trop y réfléchir. Le résultat n'en sera que plus conforme à la réalité !

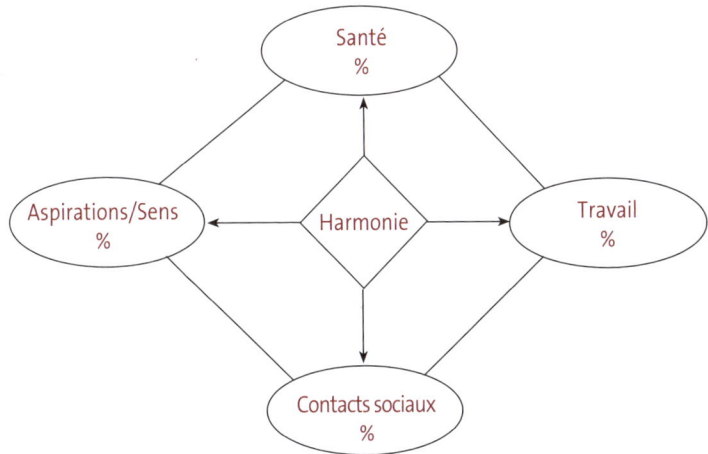

À quelle répartition aboutissez-vous ? Beaucoup de gens déclarent que leur travail occupe 50 %, 60 % ou 70 % de leur temps, et parfois même davantage. En revanche, la plupart d'entre eux n'accordent que 5 %, 10 % ou 15 % à ce qui donne du sens à leur existence. Le monde dans lequel nous vivons donne beaucoup plus de place à la productivité qu'à nos valeurs profondes.

Si nos activités professionnelles dominent, c'est évidemment parce que la plupart d'entre nous ont des métiers très prenants. À première vue, ce déséquilibre *purement quantitatif* paraît normal, car il semble impossible d'arriver à une répartition équitable, qui accorde 25 % du temps à chacun des grands domaines.

Pourtant, dès qu'il existe un important déséquilibre entre deux d'entre eux, cela affecte inévitablement les autres.

- Quand on passe trop de temps à *travailler,* on s'expose à des maladies psychosomatiques et à des conflits avec les proches. Un jour, on risque même de se demander si la vie mérite d'être vécue.

- Les athlètes de haut niveau sont l'exemple d'une prédominance de l'*activité professionnelle* au détriment des autres besoins de l'individu. Ils subissent blessure sur blessure. Ils n'ont plus de vie privée. Tôt ou tard, leur existence, entièrement soumise à la contrainte, n'a plus de sens.

- À l'inverse, les personnes qui passent leur temps à s'interroger sur le *sens de la vie* et à rechercher des expériences spirituelles s'exposent à devenir inaptes à assumer le quotidien, voire à devenir la proie d'une secte.

L'*équilibre idéal* entre les quatre facettes de l'existence varie considérablement d'une personne à l'autre. Tout est question de perception qualitative du temps passé. Une heure à écouter un orchestre file comme l'éclair, tandis que si on la passe à remplir sa déclaration de revenus – occupation rarement prisée – elle semble n'en plus finir.

La clé de la réussite consiste à trouver un *point d'équilibre* entre le travail et les trois autres facettes de l'existence.

Les recherches de Nossrat Peseschkian sur les troubles psychosomatiques (c'est-à-dire les effets sur la santé de l'interaction du mental, du corporel et de l'environnement social) mettent en évidence la nécessité d'accorder du temps et de l'attention aux quatre grands domaines. C'est même le seul moyen de prévenir les maladies physiques et mentales. Selon lui, ces quatre domaines se classent nettement dans l'ordre d'importance suivant, en tout cas dans le monde occidental industrialisé :

1er *rang : le travail* La plupart d'entre nous travaillent avec dévouement et conscience professionnelle et ils souhaitent évoluer dans leur carrière. D'où l'importance accordée à la facette « travail ».

Une fois sortis du bureau, toutes sortes de facteurs nous privent de moments de détente : manque d'organisation, absence de priorités clairement définies, méthodes de travail inefficaces, pressions subies pour tenir des délais ou culpabilité à l'idée de n'avoir pas terminé sa tâche.

Résultat : débordés, nous rapportons chez nous des dossiers en cours, ainsi que des problèmes survenus dans le cadre professionnel. Cela nous empêche de profiter du temps passé en dehors de l'entreprise. Il n'est pas étonnant que les trois autres facettes de notre existence en souffrent.

2e *rang : la santé* Beaucoup d'entre nous ne prêtent pas la moindre attention à leur état physique. Parfois, il faut que nous tombions malade pour nous rendre compte que notre santé est précieuse. Et nous passons de plus en plus de temps – bon gré, mal gré – à tenter de garder la forme ou de la retrouver. D'ailleurs, c'est souvent dans le seul but d'améliorer nos performances professionnelles.

3e *rang : famille et amis* La priorité que notre société donne au travail et à la carrière nous empêche de consacrer le temps qu'il faudrait à nos proches et d'entretenir nos liens avec nos amis. Les réunions qui se prolongent après les heures de bureau, l'ordinateur installé chez nous et d'autres sources de travail supplémentaire nous privent aussi de vie sociale.

Les médias dénoncent aujourd'hui ce risque croissant d'isolement. Et beaucoup d'entre nous redonnent maintenant plus d'importance à leurs relations familiales, amicales ou sociales.

4e *rang : sens, valeurs et aspirations* De plus en plus de gens trouvent que notre société laisse trop peu de place à la réflexion sur le sens de notre vie, sur nos *valeurs* profondes et sur nos *aspirations* personnelles. C'est pourquoi ils accordent une part croissante de leur temps à cette recherche sur leur devenir.

Nos valeurs sont en évolution. Aujourd'hui, beaucoup d'entre nous souhaitent avant tout mener une vie qui ait du sens et qui leur permette de se réserver assez de temps, pour eux-mêmes et pour leurs proches. Au lieu de laisser une des facettes de leur existence dominer les autres, ils recherchent l'harmonie entre les quatre.

Nos journées ne sont pas extensibles. Si nous accordons plus d'importance à une facette, nous devons limiter le temps consacré à une autre. Pour préserver un équilibre, nous devons donc absolument faire un meilleur emploi de ce temps précieux.

Une *gestion holistique du temps* consiste à mieux tirer parti du temps dont on dispose afin de préserver son équilibre vie professionnelle/vie privée.

Partie 2

Comment vous réapproprier votre temps

La pyramide de votre efficacité

« Même le plus long voyage débute
par un simple pas. »
Proverbe chinois

À chacun sa vie

Les plus récentes études consacrées au cycle de vie et aux carrières indiquent que la *classique division de notre existence en trois phases* :
éducation → emploi → retraite
est dépassée depuis longtemps. Autrefois, il fallait être productif à 100 % jusqu'à sa dernière heure de travail. Puis, du jour au lendemain, on ne faisait plus partie des actifs, au risque d'être victime du « choc du départ à la retraite ».

Aujourd'hui, la flexibilité des horaires de travail et la diversité de nos modes de vie permettent une transition plus progressive vers la phase postprofessionnelle. Nous pouvons alors relever de nouveaux défis : devenir mentor pour former de jeunes travailleurs, par exemple, ou consultant – pour faire éventuellement bénéficier d'autres seniors de nos services.

La plupart des gens attendent avec satisfaction une retraite bien méritée, en espérant qu'ils disposeront d'un peu de temps pour eux-mêmes. Mais n'attendez pas de cesser votre activité pour vous constituer un *capital-temps* personnel, destiné à réaliser vos rêves. C'est pendant vos années d'activité professionnelle, y compris au « sommet » de votre carrière, que vous devez vous en occuper.

Gestion de soi, manière d'être, hédonisme, vie consciemment vécue... ces expressions traduisent le désir de prendre les rênes de notre existence en main, en tirant un meilleur parti du précieux temps à notre disposition. Nous *réapproprier notre temps* est un premier pas dans la création de la vie à laquelle nous aspirons. Mais en général, nous devons lutter pour atteindre ce facteur de qualité de vie.

Pour se réapproprier le temps au moyen d'une gestion de soi efficace, il faut se rendre compte que le temps est un « bien » coûteux et qu'on doit l'utiliser de manière plus responsable. C'est ainsi qu'on arrive à un équilibre entre vie professionnelle et vie privée.

Le deuxième âge adulte

Selon la *théorie du cycle de vie*, tout individu entame une nouvelle phase de développement personnel tous les sept ans environ. Des périodes de stabilité et de transition s'alternent, chacune reflétant les transformations sociales qui surviennent au cours de la vie professionnelle et familiale. Des recherches sur le cycle de vie et les carrières professionnelles indiquent qu'au fil de notre existence, nous changeons plusieurs fois de priorités et d'objectifs.

Par exemple, une fois leurs études achevées, nombre d'entre nous pensent avant tout à leur carrière. Complètement absorbés par leur travail, ils laissent de côté leur famille et leurs loisirs. Très motivés, ils sont prêts à faire beaucoup d'heures supplémentaires – et sont plutôt satisfaits de leur sort.

Nos aspirations personnelles sont en relation directe avec notre *attitude vis-à-vis de notre carrière et de notre revenu.*

Pourtant, aujourd'hui, une nouvelle tendance se dessine : nous refusons de plus en plus de limiter notre activité rémunératrice à la période centrale de notre existence et nous ne cherchons plus à atteindre cet idéal dépassé qu'est une « carrière épanouissante ». En effet, tenter d'y parvenir présente un bon nombre d'inconvénients : on est débordé, dispersé et surtout, stressé. C'est pourquoi de moins en moins de gens partagent cet idéal.

Les phases de notre vie ont radicalement changé. Nous devenons véritablement adultes beaucoup plus tard qu'avant et notre espérance de vie se prolonge. Naguère, on situait grosso modo cette période de l'existence entre 21 et 65 ans. Cette notion est définitivement obsolète maintenant.

Gail Sheehy, femme de lettres et journaliste américaine, identifie une phase tout à fait nouvelle de l'existence, qui débute à 45 ans : le *deuxième âge adulte*.

Le nouvel âge adulte

(D'après Gail Sheehy, New Passages – Mapping your life across time[1])

1. Sheehy, Gail, *New Passages – Mapping your life across time*, 2ᵉ éd., New York, Ballantine Books, 1996.

Au lieu de se préparer à un lent déclin avec l'arrivée de la ménopause ou de l'andropause, les personnes qui vivent pleinement cette nouvelle phase de l'existence peuvent connaître d'énormes progrès personnels. Entre autres et afin d'accroître leur qualité de vie, elles laissent s'exprimer leur créativité, voient le monde d'un point de vue moins sérieux ou, ce qui n'est pas incompatible, cherchent davantage à comprendre le sens profond de l'existence.

La théorie de Gail Sheehy se confirme dans les *transformations radicales* des valeurs sociales et personnelles qui surviennent depuis quelques années. Aujourd'hui, il n'est pas rare de voir :

- des préadolescents fumer ;
- des jeunes de 16 ou 17 ans s'installer avec leur petit(e) ami(e) ;
- des trentenaires continuer à vivre chez leurs parents ;
- des quadragénaires avoir un premier enfant ;
- des quinquagénaires se trouver contre leur gré en préretraite ;
- des sexagénaires reprendre des études et passer un diplôme ;
- des septuagénaires courir le marathon ;
- des octogénaires se mettre en ménage, avoir une vie sexuelle active et donner du souci à leurs enfants.

Gail Sheehy divise l'âge adulte en trois phases :

- âge adulte provisoire (18 à 30 ans) ;
- premier âge adulte (30 à 45 ans) ;
- second âge adulte (45 à 85 ans et plus).

La théorie de Gail Sheehy est avant-gardiste en ce qu'elle décrit une révolution qui, dans l'existence, survient à l'âge mûr.

Autrement dit, à 45 ans, on entre dans une nouvelle et passionnante étape de sa vie !

À cette période, on pénètre dans un nouveau territoire, que Gail Sheehy appelle « la *maîtrise* ». On sait alors où on en est, qui on est, ce qu'on veut et comment l'obtenir. C'est l'âge où, pour que l'existence soit conforme à la conception qu'on s'en fait, il faut entreprendre des changements fondamentaux.

Attention : même avant 45 ans, vous avez le pouvoir de faire ce que vous voulez de votre vie. Le tout est de ne pas attendre trop tard !

Les quatre phases de l'efficacité

La pyramide du *Life Leadership®* illustre, en quatre phases, la marche à suivre pour *se réapproprier* le temps, tout en gagnant en efficacité :

La pyramide du Life Leadership®

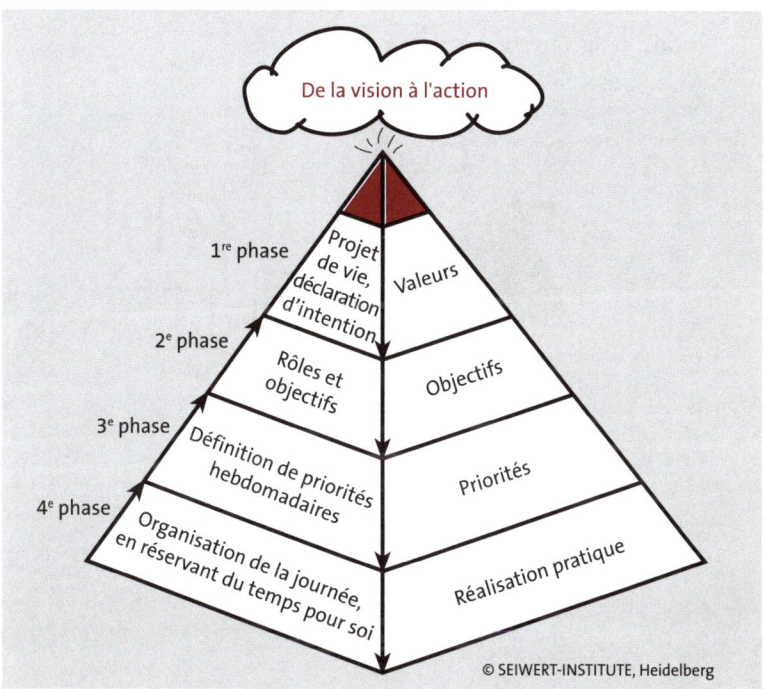

- *Phase 1* de la pyramide, on définit son *projet de vie* personnel et professionnel. Énoncé sous forme de credo ou de profession de foi, il s'apparente au *mission statement* des entreprises. Nous l'appellerons « déclaration d'intention ».
- La *phase 2* consiste à définir les rôles qu'on endosse au quotidien. Cela permet d'ancrer sa vision à long terme dans ses activités de chaque jour et donc de leur donner du sens.
- *Phase 3*, on commence à se fixer des *priorités pour la semaine*. Face aux délais imposés qui ajoutent de l'*urgence* à l'activité quotidienne, cela permet de rester concentré sur des objectifs *importants*, dans la vie professionnelle ou privée.
- *Phase 4*, axée sur l'automotivation, on fait concorder ses activités quotidiennes avec ses objectifs d'ensemble. La *journée* est l'unité de base qui détermine le cours de notre existence. Si nous ne sommes pas maîtres de notre journée, nous ne le sommes pas de notre vie.

Phase 1 : Déclaration d'intention et objectifs de vie

« Voudriez-vous, je vous prie, me dire quel chemin
je dois prendre pour m'en aller d'ici ?
Cela dépend en grande partie du lieu où vous voulez
vous rendre, répondit le Chat.
Je ne me soucie pas trop du lieu, dit Alice.
En ce cas, peu importe quel chemin vous prendrez, dit le Chat. »
Lewis Carroll, Alice au pays des merveilles

La pyramide du Life Leadership®

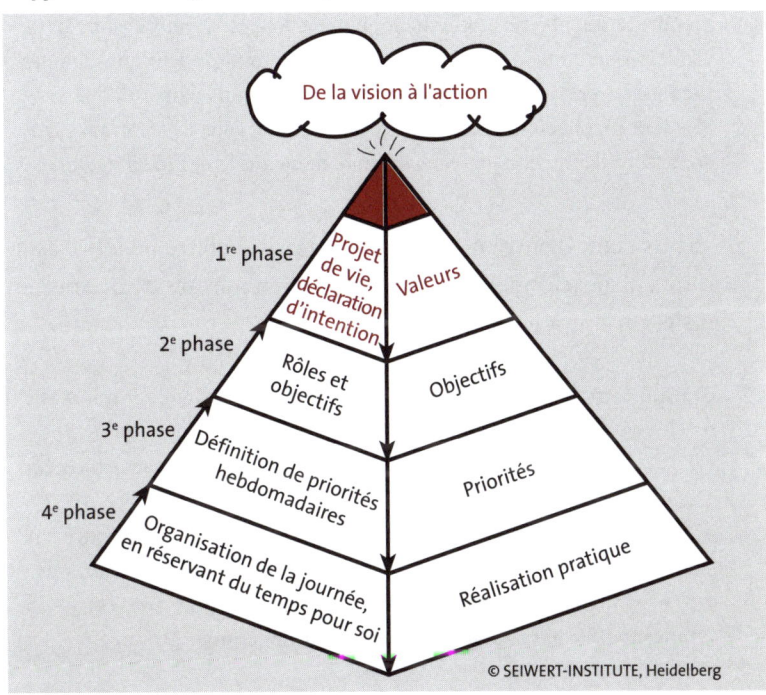

Projet de vie et objectifs

« Les grands rêves font les grands succès. »
Nikolaus B. Enkelmann, formateur
et auteur d'ouvrages sur la réussite

La plupart des gens laissent leur vie en roue libre. Ils attendent de voir ce qu'elle leur apporte et ne se fixent pas d'objectifs, que ce soit dans la vie professionnelle ou privée. Ils pensent que de toute façon, ils ne peuvent influer sur leur avenir, celui-ci n'étant selon eux qu'une question de chance ou de malchance.

J'ai occupé le premier poste de ma carrière chez un grand fabricant d'acier, à Düsseldorf, au service ressources humaines. J'y ai rencontré de nombreux employés qui, le lundi matin, se plaignaient de devoir reprendre le travail et n'attendaient qu'une chose : le vendredi soir. Ils ne vivaient que dans la perspective du week-end ou de leurs prochaines vacances. Certains compensaient leurs frustrations dans l'alcool.
S'ils sont encore en vie et n'ont pas encore atteint l'âge de la retraite, sans doute sont-ils toujours là, dans l'attente de ce que le destin leur réserve.

Seuls ceux d'entre nous qui ont une idée claire de leurs aspirations professionnelles et privées sont en mesure de donner un sens et un but à leur existence.

Une étude menée sur une longue période auprès de jeunes diplômés a révélé ce qui suit :
- 83 % n'avaient pas d'objectif de carrière. Ils gagnaient sensiblement le même salaire ;
- 14 % avaient un objectif bien défini, mais ne l'avaient pas énoncé par écrit. En moyenne, ils gagnaient trois fois plus que le premier groupe ;
- 3 % avaient un objectif clair et l'avaient formulé par écrit. En moyenne, ils gagnaient dix fois plus que le premier groupe.

La réalisation de vos aspirations et de vos objectifs dépend dans une très large mesure de votre *déclaration d'intention* et de l'idée que vous vous faites de votre avenir.

Dans les années 1930, un petit garçon se passionne pour l'aéronautique. Il fait son baptême de l'air à l'âge de 6 ans, pratique le modélisme et, tout jeune, rencontre Charles Lindbergh. À 16 ans, il a déjà son brevet de pilote. En 1969, il sera le premier homme à marcher sur la Lune. Il s'appelle Neil Armstrong.

De Heinrich Schliemann qui, fasciné dans sa jeunesse par le mythe de l'antique cité de Troie, finit par la découvrir, à Arnold Schwarzenegger, jeune homme peu musclé qui voulait depuis toujours devenir M. Univers, beaucoup de ceux qui réussissent savaient, dès le plus jeune âge, à quoi ils voulaient arriver dans la vie.

Nous avons tous eu en nous une petite voix qui nous soufflait notre vocation. Nous rêvions d'un avenir magnifique, pour nous ou pour la planète entière. En nous motivant et en nous incitant au changement, de telles projections nous aident à déterminer le cours de notre existence.

Et lorsque ces projections sont communes à tout un groupe de personnes, elles peuvent servir de fondation à un efficace travail d'équipe, car l'énergie qu'elles libèrent donne envie d'apporter sa pierre à l'édifice. Un individu qui entreprend de tout son cœur de concrétiser un rêve devient une source d'énergie mentale inépuisable, qui ne demande qu'à se transformer en action. Imbu d'une mission importante, il axe l'ensemble de ses activités sur ses aspirations profondes. La capacité d'anticipation, la motivation et l'inspiration sont étroitement interdépendantes.

Les questionnaires et exercices ci-après vous aideront à identifier vos désirs, vos rêves et vos aspirations. N'oubliez pas qu'il est très important de formuler votre projet de vie, sous la forme d'une déclaration d'intention écrite.

Une déclaration d'intention permet de mieux définir, pour soi-même, le sens qu'on veut donner à sa vie et la voie qu'on souhaite suivre. Elle vous aide à :

- comprendre ce qui compte vraiment pour vous ;
- programmer votre « logiciel mental » de façon à réaliser vos aspirations profondes ;
- organiser vos jours et vos semaines de façon à traduire cette vision en réalité concrète, dans votre vie professionnelle et privée.

Déclaration d'intention et aspirations profondes

« Être homme, c'est sentir,
en posant sa pierre,
que l'on contribue à bâtir le monde. »
Antoine de Saint-Exupéry

Jadis, quand les gens joignaient leurs forces pour réaliser un projet extraordinaire, ils commençaient par se fixer un but concret. Définir cet objectif était la première étape d'un long processus. Savoir où on veut aller, c'est simplement *savoir ce qu'on veut*. Et ce qu'on voit, on peut l'atteindre.

L'architecte qui projette de construire une maison a une image claire de l'aspect qu'elle aura une fois terminée. Dans son bloc de marbre, le sculpteur visualise sa statue définitive. Il ne lui reste plus qu'à ôter la pierre excédentaire. C'est ainsi qu'on crée un chef-d'œuvre.

Une déclaration d'intention, une profession de foi ou un *mission statement*, c'est-à-dire l'énoncé d'aspirations profondes et existentielles, est visionnaire par nature. Songez, par exemple, au discours de Martin Luther King Jr., *I Have a Dream*.

« Votre énoncé de mission vous servira de constitution, il sera l'expression de votre point de vue et de vos valeurs. Il deviendra le critère sur lequel vous jugerez ce que la vie vous offrira.[1] »

Un autre énoncé de mission, célèbre au point d'en être devenu « culte », est celui de *Star Trek*, l'œuvre de Gene Roddenberry et de son vaisseau, le *Starship Enterprise* :

---

1. Covey Stephen R., *Les 7 habitudes de ceux qui réalisent tout ce qu'ils entreprennent*, traduit de l'américain par Magali Guenette, Paris, First Éditions, 2005.

« *L'espace, le territoire ultime. Voilà les voyages du* Starship Enterprise. *Sa mission : pendant cinq ans, explorer des mondes nouveaux et étranges, chercher des formes de vie et des civilisations nouvelles, aller hardiment là où personne n'est jamais allé.* »

Un projet de vie, une déclaration d'intention et un but existentiel sont étroitement liés. En fait, ce sont des expressions différentes d'une même chose.

Pour définir votre propre *déclaration d'intention*, trouvez au préalable la réponse aux questions suivantes :

- Dans ce qui vous reste de vie, que voudriez-vous accomplir ?
- Quelles sont les valeurs les plus importantes à vos yeux ?
- Quels sont vos qualités et vos talents ?
- À la fin de votre existence, quel bilan aimeriez-vous dresser ?

Toute création humaine commence par une pensée, qu'elle soit consciente ou inconsciente, spontanée ou profondément étudiée. Seul ce qui existe d'abord dans notre cerveau peut prendre une forme concrète dans le monde qui nous entoure, nos actes étant le résultat immédiat de notre pensée.

Par conséquent, cette profession de foi écrite est la fondation mentale sur laquelle repose la suite de votre existence : quelle personne vous aimeriez être, les choses que vous aimez faire et celles que vous aimeriez accomplir. Les gens qui réussissent ont une vision très claire de leur avenir.

Tout ce qui s'accomplit dans la *réalité* a d'abord été créé *mentalement*.

Dans la vie, il y a un bon nombre de choses sur lesquelles nous n'avons qu'un pouvoir limité. Cependant, si vous prenez le temps d'une vraie réflexion sur votre avenir, vous aurez toutes les chances d'atteindre vos objectifs.

Pour commencer... faites comme si c'était fini

Il n'est pas facile de coucher sur le papier sa vision personnelle de l'existence. Une méthode efficace consiste pour cela à rédiger sa propre oraison funèbre.

Votre oraison funèbre

Imaginez que lors de vos funérailles, quelqu'un fasse votre éloge devant la foule, en rappelant vos mérites professionnels et personnels.

- Quels traits positifs de votre personnalité faudrait-il souligner dans ce discours ?
- Quelles réalisations particulièrement remarquables faudrait-il rappeler ?
- Quels sujets ou aspects inavouables conviendrait-il de faire discrètement disparaître sous le tapis ?
- Quels autres épisodes de votre vie faudrait-il évoquer ?

Écrivez votre éloge en détail et demandez-vous à qui vous aimeriez le communiquer.

Vous avez du mal à venir à bout de cet exercice ? C'est compréhensible. Personne n'a envie d'imaginer sa propre cérémonie funèbre. Essayez tout de même. Le résultat en vaut la peine !

Cet exercice a simplement pour but de vous aider à ébaucher votre déclaration d'intention. Peu importe votre manière de procéder. Quand vous aurez mis votre conception de l'existence sur le papier, vous pourrez prendre des mesures concrètes pour la transformer en réalité, et c'est ce qui compte. Vous verrez : cette profession de foi écrite vous motivera.

Attention, il ne s'agit pas d'obtenir des résultats rapides, mais de commencer une évolution profonde. Songez que « *le but du chemin, c'est le chemin* ».

Élaboration de votre déclaration d'intention

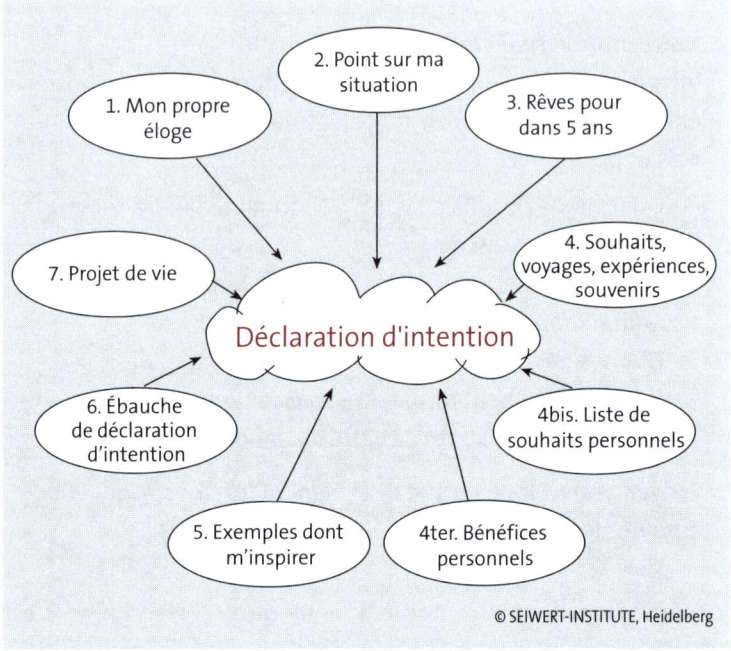

© SEIWERT-INSTITUTE, Heidelberg

Faites le point

Pour formuler votre déclaration d'intention, il faut tout d'abord faire le point sur votre vie professionnelle et privée actuelle. Il est très important aussi de réfléchir à votre passé, car votre avenir en est indissociable. Nous sommes ce que nos expériences ont fait de nous. C'est d'elles que nous tirons – souvent de manière inconsciente – nos valeurs, nos buts et nos rêves.

Pour savoir où l'on va, il faut savoir d'où l'on vient.

À l'aide du questionnaire ci-après, faites le point sur votre situation et identifiez vos attitudes vis-à-vis de l'existence.

Si vous ne voulez pas écrire sur ce livre ou si vous avez besoin de plus de place, photocopiez simplement les pages suivantes, en les agrandissant, au besoin.

Le point sur votre situation

1. Quel est votre plus ancien souvenir de réussite, dans votre petite enfance ?

    ....

    ....

2. Que pensez-vous de l'éducation que vous ont donnée vos parents ?

    ....

    ....

    ....

3. À quel rang vous trouvez-vous dans votre fratrie et en quoi cela vous a-t-il influencé ?

    ....

    ....

    ....

4. a) Quels sentiments votre père vous inspire-t-il ?

    ....

    ....

    ....

    b) Qu'admirez-vous le plus en lui ?

    ....

    ....

    ....

    c) Qu'y a-t-il (ou y avait-il) de difficile dans vos rapports et quelle influence négative a-t-il (ou a-t-il eue) sur vous ?

    ....

....
....

5.   a) Quels sentiments votre mère vous inspire-t-elle ?
....
....
....

b) Qu'admirez-vous le plus en elle ?
....
....
....

c) Qu'y a-t-il (ou y avait-il) de difficile dans vos rapports et quelle influence négative a-t-elle (ou a-t-elle eue) sur vous ?
....
....
....

6.   a) Lequel de vos parents occupait la place dominante dans la famille et en quoi cela a-t-il influencé le cours de votre existence ?
....
....
....

b) Parmi les souvenirs évoqués au point 6a, lesquels restent particulièrement vifs dans votre esprit ?
....
....
....

7.   a) En général, votre vie de famille était-elle harmonieuse ?
     Difficile ? Étiez-vous très soudés ?

     ....

     ....

     ....

     b) Exemples illustrant votre bonne entente :

     ....

     ....

     ....

     c) Exemples illustrant votre mauvaise entente :

     ....

     ....

     ....

8.   a) En quoi votre lieu de naissance a-t-il eu une influence
     sur votre vie ?

     ....

     ....

     ....

     b) Dans votre ville ou votre région, qu'est-ce qui vous plai-
     sait ? Qu'est-ce qui ne vous plaisait pas ?

     ....

     ....

     ....

     c) Si vous avez quitté cet endroit, quelles raisons vous y
     ont poussé ?

     ....

....

....

9.   a) Avez-vous été élevé dans la foi ? Celle-ci joue-t-elle un rôle dans votre vie actuelle ?

....

....

....

b) Parmi vos souvenirs relatifs à la religion, lesquels vous ont le plus marqué ?

....

....

....

10. La culture a-t-elle de l'importance pour vous ? Les domaines artistiques jouent-ils un rôle dans votre existence ?

....

....

....

11. a) Quelles sont les personnalités du monde de la culture, de la politique, de l'entreprise ou du sport que vous admirez le plus et pourquoi (pour leurs compétences, les valeurs qu'elles représentent ou pour d'autres raisons) ?

....

....

....

b) En quoi ces personnalités ont-elles influencé votre évolution et vos choix de vie ?

....

....

....

12. Avez-vous un « guide spirituel », ou quelqu'un qui vous serve d'exemple et dont vous puissiez vous demander : « Que ferait-il dans cette situation ? »

....

....

....

13. a) Aimez-vous la compagnie (notamment lors de rencontres ou sorties avec des amis, collègues, relations de travail, etc.) ? Quel effet ces contacts humains ont-ils sur votre vie privée et professionnelle ?

....

....

b) Dans votre vie sociale, quel type de personnes vous sont antipathiques au point que vous les évitiez ? Quel effet cela a-t-il sur votre vie privée et professionnelle ?

....

....

14. Quels missions ou défis appréciez-vous parce qu'ils vous valorisent, voire vous procurent un sentiment d'excellence ? Quels buts vous donnent-ils envie d'atteindre ?

....

....

15. Dans quels domaines êtes-vous compétent ou même particulièrement doué ? Notez-les ci-dessous, avec les symboles suivants, selon votre niveau d'aptitude :
(++ = excellent, + = bon, +/− = satisfaisant)

	++	+	+/-
a)			
b)			
c)			
d)			
e)			
f)			
g)			
h)			
i)			
j)			
k)			
l)			
m)			
n)			
o)			
p)			
q)			
r)			
s)			

t)			
u)			
v)			
w)			
x)			
y)			
z)			

16. Quelles ont été vos plus belles réussites ? Quelles satisfactions vous ont-elles apportées ?

    ....

    ....

17. Dans quel genre de tâches êtes-vous mal à l'aise, car vous vous sentez peu compétent pour cela ? Quels échecs avez-vous vécus jusqu'à présent ?

    ....

    ....

18. À l'heure actuelle, quels sont les aspects de votre activité professionnelle qui vous causent le plus de difficultés (stress, sentiment d'inaptitude, obligation de mettre vos connaissances à jour, concurrence avec d'autres personnes, etc.) ? Que pouvez-vous faire pour y remédier ?

    ....

    ....

19. Dans votre vie privée, quelles sont vos plus grandes causes de soucis à l'heure actuelle ? Que pouvez-vous faire pour y remédier ?

a) avec votre conjoint(e) :

....

....

b) avec vos enfants :

....

....

c) avec d'autres membres de votre famille ou avec vos amis :

....

....

20. Si vous pouviez réaliser trois vœux, quels seraient-ils ?

a) ....

b) ....

c) ....

Ce questionnaire vous a-t-il permis de mieux vous comprendre, vous et votre existence ? Quelles sont les *valeurs ou*

les personnes qui vous ont influencé de manière profonde et durable ? Qu'aimez-vous dans votre vie actuelle ? Et que voudriez-vous changer à tout prix ? Avez-vous maintenant une idée plus précise de votre déclaration d'intention et de la manière de la formuler ?

Prenez un moment pour rêver à votre avenir. Cela vous aidera aussi.

Visualisez votre avenir

Pour cet exercice de visualisation, il vous faut une feuille de papier (la plus grande possible), des crayons ou des feutres de couleur, de la musique relaxante et dix minutes pendant lesquelles vous ne risquez pas d'être dérangé.

Votre avenir rêvé

Adossez-vous dans votre fauteuil, fermez les yeux et imaginez que vous êtes transporté dans exactement cinq ans.

Notez sur le papier la date correspondante.

Dans cinq ans :

_____

(La date exacte !)

En quoi votre vie sera-t-elle différente dans cinq ans ?

• Quelle sera votre activité professionnelle ? Où travaillerez-vous ? Quelles seront vos responsabilités ? Quels critères professionnels devrez-vous remplir ?

• Quel sera votre environnement familial ? Quels rapports privés entretiendrez-vous ? Qui jouera un rôle essentiel dans votre existence ? Quelles personnes ne feront peut-être plus partie de votre cercle d'amis ou de connaissances ?

- Quelle expérience aurez-vous acquise ? Quelles connaissances ou compétences aurez-vous accumulées dans une langue étrangère, dans une discipline sportive ou dans une autre activité de loisirs, par exemple ?
- Quelles seront vos priorités ? Quelle sera votre devise ? Dans cinq ans, aurez-vous une vision d'avenir et un projet de vie ?

Visualisez vos rêves et vos projets. Avec vos crayons ou vos feutres, dessinez-les. Et ne dites pas que vous êtes nul en dessin ! Ce serait vous poser une barrière inutile.

Divisez votre feuille de papier en quatre parties. Dans chacune, dessinez ce à quoi chaque domaine de votre vie ressemblera. Inutile d'être le nouveau Picasso, il suffit de représenter en quelques traits ce que vous visualisez. En effet, votre *subconscient* pense sous la forme d'images. Quand on dessine, on active son hémisphère cérébral droit. On est donc en contact direct avec ses aspirations les plus profondes.

Carrière Emploi Performances	Famille Amis Relations
Apprentissage Savoir Expérience	Priorités Devise

Vous trouverez votre vision d'avenir en vous, et nulle part ailleurs.

C'est seulement quand votre vision d'avenir formera un tout cohérent et harmonieux, quand chacun de ces éléments s'assemblera avec les autres comme les pièces d'un puzzle, qu'elle vous portera vraiment vers vos objectifs.

La clé du paradis

Dieu Tout-Puissant s'ennuyait. Pour se divertir, Il créa le monde. Mais les premiers êtres qu'Il conçut ne restèrent pas longtemps sur terre, car ils préféraient largement le ciel. Dieu n'était pas d'accord. Il eut donc l'idée de fermer la porte du paradis et de cacher la clé. Mais où ? Au sommet de la plus haute montagne ? Tout au fond de la mer ? Sur la Lune, peut-être ? Dieu examina l'avenir et vit que les êtres humains exploreraient un jour tous ces endroits. Mais très vite, Il sut à quel endroit ils ne risquaient guère de chercher la clé : les hommes iraient plutôt au bout de l'Univers que bien plus près, en eux-mêmes. Depuis lors, Dieu n'a cessé de s'amuser à observer l'humanité courir en tous sens après le bonheur.

(Fable indienne)

Avouez que vos rêves et vos désirs ne sont pas tous de nature spirituelle et intangible. Vous en avez aussi de tout à fait *matériels*. Personne n'a envie de l'admettre, car nous pensons tous être dans l'obligation de choisir : entre la richesse ou la santé, la réussite professionnelle ou le bonheur dans la vie privée. C'est une fausse idée. Avoir les deux, c'est possible. Et il n'y a rien de mal à souhaiter des choses aussi bien matérielles qu'immatérielles.

Mais au fur et à mesure que nous avançons dans l'existence, les biens matériels deviennent moins importants et à l'inverse, nous valorisons davantage les rapports humains. Le psychanalyste et philosophe américain Erich Fromm décrit ce changement de valeurs de l'« avoir » à l'« être », dans un ouvrage célèbre[1].

1. Erich Fromm, *Avoir ou Être : un choix dont dépend l'avenir de l'homme*, traduit de l'américain par Théo Carlier, Paris, Robert Laffont, 1978.

C'est seulement quand on renonce à l'*avoir* pour mettre l'*être* au centre de ses pensées et de ses actes (le « bien-être ») que l'on peut mener une existence qui ait du sens. (Erich Fromm)

La raison, l'amour et une activité productive sont les ingrédients essentiels de l'art de bien vivre. Mais il faut aussi avoir les ressources nécessaires pour changer et renoncer au désir d'« avoir ». C'est seulement ainsi que nous pouvons dire un jour : « *Voilà ce que je suis vraiment.* »

Dans *Priorité aux priorités*[1], Stephen Covey énonce quatre grands principes : vivre, aimer, apprendre et transmettre. Chacun est aussi important que les autres. Si nous ne réussissons pas dans l'un de ces différents aspects, il n'y a plus d'harmonie dans notre existence et nous perdons en qualité de vie.

Avoir – évoluer – être. Voilà qui pourrait faire une bonne devise, car ce « triple vœu » constitue la base d'une existence équilibrée et épanouissante.

Aspirations personnelles : ce que vous aimeriez avoir

« Nos désirs sont les pressentiments
des possibilités qui sont en nous. »
Johann Wolfgang von Goethe

Nous avons tous des désirs et des rêves non réalisés. Il vous serait sûrement facile de citer des biens que vous aimeriez *avoir* : de l'argent, une voiture de sport ou une villa au bord de la mer, par exemple. De même, vous pourriez dire sans difficulté ce que vous aimeriez *faire* : apprendre la voile ou la cuisine, partir en vacances dans les îles, etc.

1. Covey, Stephen R., avec la collaboration de A. Roger Merrill, Rebecca R. Merrill, *Priorité aux priorités : vivre, aimer, apprendre et transmettre*, traduit de l'américain par Alice Bréa, Pierre Saint Jean, Marc Villette sous le contrôle de Catherine Cullen, Paris, J'ai lu, 2010.

À moins que vous soyez tellement satisfait de votre existence
que rien ne vous vienne à l'esprit ?
Ce serait difficile à croire. Amu-
sez-vous quelques instants à rêver
d'un voyage autour du monde, pendant lequel vous pourriez combler vos

désirs les plus divers. Décrivez ci-après votre i t i n é r a i r e ,
vos moyens de transport et les souvenirs que vous rapporteriez
pour vos proches. Allez-y, faites vos valises et... bon voyage !

Le tour du monde de vos vœux

Supposons que vous partiez faire le tour du monde, sans
aucune limite de temps ni d'argent !

- Quels sont les *trois endroits* que vous voudriez absolument visiter ?
  a) ....
  b) ....
  c) ....

- Quels seraient vos *trois principaux moyens de transport* ?
  a) ....
  b) ....
  c) ....

- Quels seraient les *trois souvenirs* que vous voudriez
  plus particulièrement rapporter ? (Peu importe qu'ils
  n'entrent pas dans votre valise.)
  a) ....
  b) ....
  c) ....

Où votre voyage vous a-t-il mené ? Avez-vous osé souhaiter quelque chose qui sorte totalement de l'ordinaire ? Avez-vous mis le cap sur les mers du Sud ? Vous êtes-vous laissé séduire par la belle vie sous les tropiques ? Ou avez-vous foncé sur un traîneau à chiens à travers les paysages glacés de l'Alaska ?

À quoi pensiez-vous pendant ce voyage ? Pourquoi ne pas faire vos bagages pour de bon ? Quels autres souhaits, qu'ils soient de nature matérielle ou non, aimeriez-vous voir se réaliser ?

Souhaits personnels : ce que vous aimeriez faire

« Peu importe l'argent que nous rapporte
notre travail. Ce qui compte,
c'est ce qu'il fait de nous. »
Wolfgang Berger, auteur de Business Reframing

Êtes-vous bien rentré de votre tour du monde ? Songez maintenant à ce que vous aimeriez accomplir dans votre existence. Demandez-vous en quoi cela pourrait être utile à d'autres personnes.

Votre liste de vœux

Énumérez l'ensemble des choses que vous aimeriez *avoir* ou qu'il vous semble *important* de posséder. Il peut s'agir de biens matériels, comme une voiture neuve ou un appartement plus grand, ou de choses *immatérielles*, une vie heureuse en amour, par exemple.

....

....

....

....
....
....
....
....
....
....
....
....
....
....

Vous avez terminé votre liste ? Faites maintenant une croix devant les *cinq souhaits auxquels vous tenez le plus.*

Il importe de bien définir non seulement ce que l'on désire, mais aussi ce que l'on veut accomplir d'*utile pour les autres*.

En effet, il y a mieux que ce que nous souhaitons faire et avoir pour nous. Dès les années 1920, Gustav Grossmann, créateur de méthodes de planification et de production et pionnier de la gestion du temps et de la vie, étudiait les conséquences bénéfiques du travail sur la société. Aujourd'hui, ses découvertes sont plus d'actualité que jamais. Partout dans le monde, un nombre croissant d'individus comprend à quel point nous dépendons les uns des autres. Qui plus est, ils manifestent le désir de mettre leurs propres intérêts en retrait, pour se rendre avant tout utiles.

Voulez-vous, vous aussi, que vos actes soient porteurs de sens ? Aimeriez-vous contribuer à rendre le monde meilleur, pour vous, pour vos proches et pour ceux qui font partie de la même société que vous, mais aussi pour l'humanité tout entière ? Dans ce cas, vous pouvez et vous devez vous poser la question suivante : « *Pourquoi suis-je ici ?* »

Pourquoi suis-je ici ?

Après avoir pris le temps de la réflexion, répondez aux questions suivantes :

1. Dans vos moments de rêverie, que vous voyez-vous faire ?

   ....
   ....
   ....

2. Dans l'hypothèse où vous pourriez réussir quel que soit votre métier, lequel préféreriez-vous exercer ?

   ....
   ....
   ....

3.   Si le temps et l'argent n'avaient pas d'importance, qu'est-ce que vous préféreriez faire ?

....

....

....

4.   Parmi vos activités professionnelles, lesquelles sont les plus utiles aux autres ?

....

....

....

5.   Parmi vos activités privées, lesquelles sont les plus utiles aux autres ?

....

....

....

L'exemple idéal : la personne que vous aimeriez être

Y a-t-il quelqu'un que vous admirez, qui vous sert d'exemple et à qui vous aimeriez ressembler ?

Il se peut qu'aucun nom ne vous vienne tout de suite à l'esprit. Mais à la réflexion, vous découvrirez probablement qu'un certain nombre de personnes ont eu une influence sur votre comportement, vos valeurs et vos choix de vie.

Le questionnaire ci-après vous aidera à identifier ces *modèles*.

Vos modèles

Demandez-vous quelles personnes ont, de manière directe ou indirecte, exercé une influence positive sur votre vie. Votre mère ? Votre père ? Un employeur ? Un collègue ? Un ami ? Vos modèles peuvent être aussi des personnalités connues, un champion ou un prix Nobel, par exemple.

1. Quelles personnes ont eu une influence particulièrement positive sur votre vie ?

    ....

    ....

    ....

2. Quels sont les traits de caractère et qualités que vous admirez le plus chez ces personnes ?

    ....

    ....

    ....

3. Parmi leurs qualités, lesquelles imitez-vous ou aime-riez-vous posséder ?

....

....

....

4. En quoi aimeriez-vous ressembler à ces modèles de façon à améliorer l'existence des autres ?

....

....

....

Votre déclaration d'intention : première ébauche

« Une vision, c'est une stratégie destinée à
se transformer en actes, ce qui la distingue
d'un idéal utopique. Adopter une vision,
c'est avoir le courage, l'énergie et la volonté
de la transformer en réalité. »
Roman Herzog, ex-président de la République fédérale d'Allemagne

Quand on demande aux gens ce qui compte pour eux dans la vie et ce à quoi ils aspirent, ils citent souvent la réussite, la santé ou le bonheur. Bien entendu, ces désirs sont tout à fait légitimes. Mais tant qu'ils ne se concrétisent pas, ce ne sont que de vagues *concepts*.

Afin que nos rêves ne demeurent pas de simples produits de notre imagination, nous devons adopter un *projet de vie* per-sonnel. Celui-ci doit être une puissante source de motivation et d'énergie, propre à nous tenir dans la bonne direction. Il doit être une voix intérieure qui nous guide, pour trouver le véritable sens de notre existence.

En plus de nous aider à nous concentrer sur l'essentiel dans nos activités quotidiennes, ce projet de vie joue le rôle d'étoile Polaire, car il nous oriente et nous évite de perdre courage dans les moments difficiles, en nous rappelant toujours notre cap.

Cerner cette conception de la vie n'est pas facile, et la traduire en mots l'est encore moins. Le questionnaire suivant devrait vous y aider.

Vos modèles et votre projet de vie : sept questions-clés

1   Qu'est-ce que vous admirez le plus chez les autres ?

....

....

....

2.   Parmi les personnes que vous admirez, lesquelles sont heureuses et pourquoi ?

....

....

....

3.   Si vous aviez un certain pouvoir, que feriez-vous ?

....

....

....

4.   Pourquoi ce choix ?

....

....

....

5.   Quels ont été les moments les plus heureux et les plus épanouissants de votre vie ? En quelles occasions avez-vous eu le plus grand sentiment de réussite ?

....

....

....

6.   Parmi les choses importantes et utiles aux autres, lesquelles êtes-vous en mesure d'accomplir ?

....

....

....

7.   Parmi les choses que vous n'avez pas encore faites dans votre vie, lesquelles voudriez-vous accomplir à tout prix ?

....

....

....

Avez-vous maintenant une première idée de votre projet de vie ? Dans ce cas, vous pouvez faire une *ébauche de scénario*, autrement dit, de la façon dont vous voudriez que votre existence se déroule dorénavant. Pour cela, suivez les conseils ci-après :

• Décrivez votre projet de vie en termes réels. Autrement dit, indiquez de manière explicite ce que sera votre existence quand vous aurez atteint votre but. Ne vous exprimez pas sous forme d'hypothèses, en évoquant ce qui « pourrait » arriver quand, « éventuellement », vous aurez essayé. En effet, votre subconscient pense en termes concrets et en images claires, et non en possibilités et en fictions. Si vos idées se limitent à des éventualités, vous programmerez votre pensée et votre comportement selon ce qui pourrait se produire, et *non selon ce qui se produira !*

- Si vous « séchez » devant votre page blanche et ne savez par où commencer, notez juste ces deux mots : « *Je suis* ». Il vous sera plus facile ensuite de continuer.

- *Faites simple.* Cette phrase contient un double message : d'une part, on ne vous demande pas de rédiger une thèse ; d'autre part, dans « faites simple », il y a « faites » ! Cela veut dire : « *Passez à l'action ! »*

Armé de ces conseils, avez-vous encore du mal à coucher votre scénario sur papier ? Dans ce cas, effectuez l'exercice suivant. Il est aussi *rapide qu'efficace.*

Exercice d'écriture

Commencez à écrire et ne posez votre stylo qu'au bout de cinq minutes. Même si vous ne trouvez plus rien à inscrire sur votre papier, gardez le stylo en main jusqu'à ce qu'une idée vous vienne à l'esprit. Peu importe que ce que vous écriviez soit bon ou mauvais. Vous devez juste écrire, écrire, écrire !

Cette méthode, qui sort des sentiers battus, produit des résultats incroyables.

Il n'y a pas de réponse « radicale » à la question de ce qu'un projet de vie doit être. Chacun d'entre nous est unique. Vous seul pouvez et devez trouver pourquoi vous faites ce que vous faites et pourquoi vous menez la vie que vous menez. Cependant, vous pouvez trouver une inspiration dans les professions de foi, *mission statements* ou déclarations d'intention d'autres individus.

« Si vous n'avez pas de projet de vie
auquel consacrer vos espoirs et vos efforts,
ce n'est pas la peine de vous donner du mal. »
Erich Fromm

Exemple 1

Profession de foi d'un dirigeant d'entreprise de vente par correspondance :

« Je suis une personne qui a ses pensées, ses sentiments et ses désirs. Plus ou moins marqués, ils déterminent à eux seuls tous mes buts dans la vie.

Dans ma vie privée, il m'importe de servir de modèle à mes enfants et de leur montrer, avec affection, la voie à suivre dans l'existence, car ils vivent dans un monde ingrat. Je serai auprès d'eux, quel que soit le tour que prend la vie, afin que nous traversions ensemble les bons et les mauvais moments. J'ai pour objectif de leur assurer une solide éducation.

Je suis toujours là pour mon épouse. J'essaie de percevoir ses besoins et ses désirs, sans que quelqu'un doive me les faire comprendre.

L'harmonie de ma vie personnelle a une influence favorable sur mon activité professionnelle, que je mène avec beaucoup d'enthousiasme. Je tiens à ce que cet enthousiasme déteigne sur mes collaborateurs, car c'est le seul moyen de travailler ensemble de manière efficace. Quand nous réussissons, tout le monde est content, ce qui me vaut de la reconnaissance et des éloges. Cette satisfaction est primordiale pour m'inciter à rester toujours innovant et proactif.

Quand je suis heureux en famille et que je réussis au travail, tout me semble facile. J'atteins mes objectifs professionnels et privés presque sans effort. »

Exemple 2

Profession de foi d'un consultant commercial, dans l'industrie automobile :

« Ma compagne et moi formons un couple heureux, fondé sur l'amour, la confiance et le respect mutuel. Nos enfants voient en nous non seulement un soutien et une protection, mais aussi des copains et des compagnons de jeu.

Avec ma femme, je dirige un cabinet de conseil qui marche bien. Nous avons des fonctions bien distinctes : elle organise des séminaires en ressources humaines et en motivation du personnel, tandis que je suis consultant pour nos entreprises partenaires. Nos clients aiment avoir affaire à nous, car ils nous trouvent compétents et professionnels. Ils savent qu'ils peuvent nous faire confiance.

Notre vie sociale se déroule surtout dans un petit cercle d'amis, ce que nous apprécions. Nous les voyons régulièrement et nous entretenons avec eux des liens étroits. Ce ne sont pas des relations superficielles.

Mes sphères professionnelle et privée se complètent pour m'assurer une existence harmonieuse, dont je tiens les rênes et dans laquelle je m'épanouis. »

Si vous avez lu attentivement ces deux énoncés, vous avez dû remarquer l'importance des *valeurs immatérielles* pour leurs auteurs respectifs. C'est d'autant plus frappant qu'au début de chacun de ces textes, les aspects matériels jouent un grand rôle. Au plus tard dans la version écrite d'un projet de vie, ces éléments deviennent essentiels, car cet énoncé doit être porteur *de sens et d'aspirations profondes*.

Quand vous aurez terminé cette ébauche de déclaration d'intention, elle vous servira à définir vos *projets à long terme*.

Projets de vie

« Je me suis demandé si vivre, ça voulait
dire se lever à 5 heures tous les matins,
rentrer le soir à 19 heures, même quand
on ne trouve plus du tout amusant
ce que l'on fait dans la journée. »
Horst Tappert,
comédien allemand, expliquant pourquoi
il a cessé de participer à l'une des séries
télévisées les plus populaires de son pays

Le projet le plus beau reste vain, tant qu'il n'existe qu'à l'état de projet. Afin de transformer vos rêves en réalité, vous devez élaborer un plan de vie. Bien entendu, il ne faut pas chercher à programmer les années qui viennent dans leurs moindres détails, c'est impossible. Mais avoir une idée de ce que vous aimeriez qu'il vous arrive au cours des quinze à vingt prochaines années vous aidera à concrétiser vos désirs.

La porte dans le couloir

Après avoir visité un monastère, un jeune homme discute un long moment avec l'un des moines. Il évoque son avenir, dans l'espoir que leur conversation l'aidera à y voir plus clair sur sa situation. Ils suivent ensemble le long corridor sombre sur lequel donnent toutes les cellules.

Le moine dit alors au jeune homme : « Votre vie est comme ce couloir, avec toutes ces portes. Il faut que vous en choisissiez une, et une seule. C'est pourquoi il faut bien y réfléchir. »

Plus vite ! Plus vite !

Il était une fois un jeune garçon qui était toujours pressé. Il n'avait pas encore fini sa soupe qu'il réclamait déjà son dessert. À peine le soleil couché, il voulait voir la lune. Dès la rentrée des classes, il demandait la date des prochaines vacances. Et il attendait Pâques avec impatience... à Noël.

Il ne lisait jamais que la dernière page d'un livre. Comme il parlait bien plus vite qu'il ne pensait, ses parents croyaient qu'il bégayait. Voulant mettre toujours plus vite un pied devant l'autre, il trébuchait sans cesse. Et bien sûr, il n'avait qu'une hâte : arriver à l'âge adulte.

Une nuit, il vit en rêve un magicien qui lui dit : « Je peux te transformer en adulte et même t'offrir trois vœux. En échange, tu dois me donner cinquante ans de ta vie. »

Le garçon, n'hésitant pas un instant, déclara : « Je veux être riche, puissant et célèbre. »

Et il en fut exactement ainsi.

Mais quand l'homme riche se regarda dans le miroir, il vit un vieillard.

Dans le miroir, l'homme puissant vit qu'il était seul.

Et l'homme célèbre vit son front ridé par les soucis.

Pris de peur, le garçon appela sa mère. Arrivée à son chevet, elle posa sa main sur son front. Son fils s'éveilla et prononça lentement ces paroles :

« Dois-je déjà me lever ou est-ce que j'ai encore le temps ? »

Hans Stempel et Martin Ripkens,
in *Der Lesefuch*s, Stuttgart
(Allemagne), éd. K. Lindner,
Klett, 1990.

Votre plan de vie jusqu'à l'âge d'environ ___ ans
(soit les quinze à vingt ans qui viennent)

1. À l'âge de ___ ans environ, que voulez-vous avoir accompli ?

   ....
   ....
   ....

2. Quelles aspirations voulez-vous avoir réalisées dans les domaines suivants :

   a) Revenus, biens matériels, niveau de vie ?

   ....
   ....
   ....

   b) Reconnaissance, statut social ?

   ....
   ....
   ....

   c) Expérience, compétences ?

   ....
   ....
   ....

   d) Famille, hobbies, etc. ?

   ....
   ....
   ....

3.   Quelle *image* voudriez-vous qu'on ait de vous :
     a) D'ici l'âge de ___ ans ?

     ....
     ....
     ....

     b) Ensuite ?

     ....
     ....
     ....

     c) En comparaison avec des personnes que vous connaissez ?

     ....
     ....
     ....

     d) Que voudriez-vous qu'on dise de vous quand vous ne
        serez plus là ?

     ....
     ....
     ....

4.   Pour atteindre les buts énoncés ci-dessus, quelles choses
     particulièrement marquantes devez-vous réaliser ?

     ....
     ....
     ....

5.   En quoi vos actes sont-ils *utiles aux autres* ?

     ....
     ....
     ....

6. Quel *sens* vos actes auront-ils :
   a) Pour vous personnellement ?

   ....
   ....
   ....

   b) Pour votre employeur, votre entreprise ?

   ....
   ....
   ....

   c) Pour vos collègues ?

   ....
   ....
   ....

   d) Pour vos clients ?

   ....
   ....
   ....

7. Quel *effet* ce qui précède aura-t-il sur votre existence ?

   ....
   ....
   ....

   a) Dans sept ans ?

   ....
   ....
   ....

b) Dans vingt ans ?

....
....
....

d) Dans cinquante ans ?

....
....
....

Vous devez absolument rester concentré sur les aspects les plus fondamentaux de votre plan de vie, sans quoi vous vous écarterez de la voie que vous voulez vous tracer. La notion de rôles (vos « casquettes »), que nous aborderons au chapitre suivant, vous aidera à vous débarrasser des occupations d'importance secondaire. Car c'est seulement ainsi que vous pourrez transformer votre projet en réalité.

Phase 2 : Identification des rôles

« La meilleure façon de prédire l'avenir,
c'est de l'inventer. »
Alan Kay, pionnier de l'informatique

La pyramide du Life Leadership®

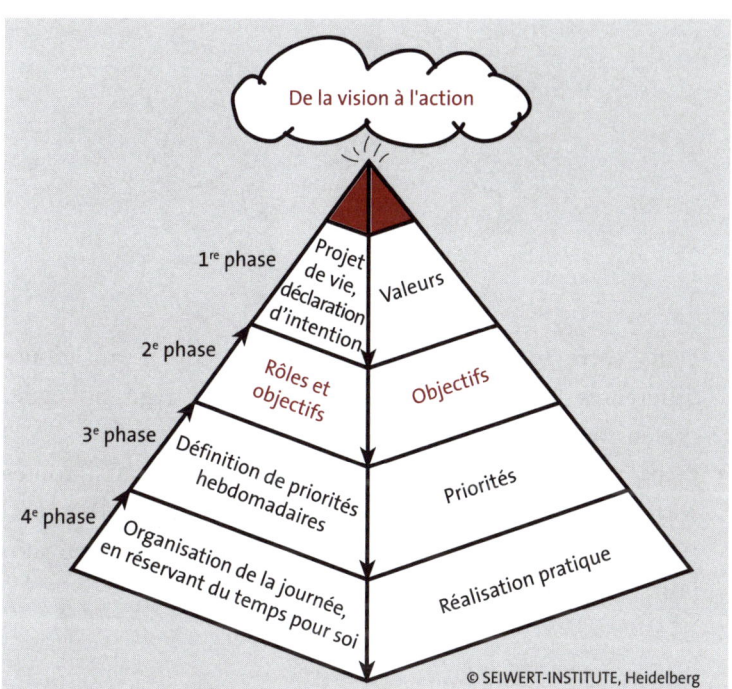

Les « casquettes »

Avez-vous déjà songé aux multiples casquettes que vous portez, c'est-à-dire à tous les rôles que vous jouez dans l'existence ? Vous prenez-vous vraiment pour un caméléon ? (Pour en savoir davantage sur les rôles que nous endossons, lisez Stephen R. Covey, *Les 7 habitudes de ceux qui réalisent tout ce qu'ils entreprennent*[1] et *Priorité aux priorités*[2].)

- Dans votre *vie professionnelle*, vous occupez sans doute différentes fonctions : cadre supérieur, stratège, collègue, orateur ou membre de comité, par exemple.
- Dans votre *vie privée*, vous jouez sûrement aussi toutes sortes de rôles : conjoint, parent, ami, membre d'association, cuisinier amateur, copropriétaire, voisin, soutien scolaire bénévole, etc.

---

1. Covey, Stephen R., *Les 7 habitudes de ceux qui réalisent tout ce qu'ils entreprennent*, *op. cit.*

2. Covey, Stephen R., avec la collaboration de A. Roger Merrill, Rebecca R. Merrill, *Priorité aux priorités : vivre, aimer, apprendre et transmettre*, *op. cit.*

Bien qu'il tienne consciencieusement à jour son agenda, Fred est toujours stressé et en retard sur ses délais. Sa réflexion sur les différents rôles qu'il assume aboutit à ce résultat :

- Dans sa vie professionnelle, il est cadre supérieur. Directeur régional des ventes chez un fabricant de pneus (avec cinq managers sous ses ordres), il est également responsable de la démarche de certification de l'entreprise, coordonnateur de la gestion de la qualité totale (fonction qui lui a été imposée), évaluateur au sein de la mission sur le mentorat à la chambre de commerce (il fallait bien que quelqu'un se dévoue) et président d'une association de professionnels du marketing (ce qui est assez utile pour rebondir). En outre, Fred se présentera bientôt au poste de trésorier de l'association d'anciens élèves de son école de commerce.

- Dans sa vie privée, Fred est marié et père de deux filles. Il est vice-président de son association de parents d'élèves et trésorier de l'association d'histoire locale de sa ville. Quand il a le temps, ce qui lui arrive rarement, il pratique le golf. Membre actif d'une œuvre de bienfaisance, il s'est laissé convaincre d'entrer au conseil d'administration. Et un de ses amis le pousse à devenir membre, comme lui-même, du conseil municipal.

Cela vous rappelle quelque chose ? Dans ce cas, vous devez savoir où se situe le problème. À force de vouloir se départager, beaucoup d'entre nous passent leur vie à courir. Ils ont tellement d'activités et d'obligations qu'ils n'arrivent plus à y faire face.

C'est quand on essaie de porter trop de casquettes qu'on est vraiment débordé.

Voilà ce qui détruit l'équilibre entre notre vie professionnelle et notre vie privée. Beaucoup d'entre nous sont tellement absorbés par leur travail et par tout ce qui tourne autour qu'ils en négligent leur famille, leurs amis et leurs loisirs.

« Qui, sur son lit de mort,
regrette de n'avoir pas passé
plus de temps au bureau ? »
Stephen R. Covey

Cependant, et comme nous l'avons déjà vu, notre société change. Naguère, on cherchait dans les techniques de gestion du temps un moyen de devenir plus efficace et plus organisé – en d'autres termes, de faire plus en moins de temps. La gestion du temps telle que nous la concevons aujourd'hui permet d'avoir plus de *temps de qualité* pour nous, pour notre famille, pour nos amis, pour nos passions ou même pour ne rien faire.

Définissez vos casquettes

Comme le Fred de notre exemple, nous portons tous autant de *casquettes* que nous assumons de rôles et ce, non pas au théâtre, mais dans la réalité, professionnelle, privée ou sociale. Nous avons choisi de nous-mêmes un bon nombre de ces rôles. Mais beaucoup d'autres nous sont imposés, pour des raisons diverses.

Pouvons-nous équitablement remplir tous ces rôles ? Si nous voulons nous réserver plus de temps de qualité, nous devons limiter notre engagement dans certains domaines, voire abandonner certains rôles. La solution du problème consiste à nous limiter aux activités véritablement primordiales. Là encore, *moins, c'est plus* !

Pour accorder plus de place aux aspects vraiment importants de votre vie, vous devez *réduire radicalement le nombre de rôles* (d'importance secondaire) que vous remplissez pour le moment. Ce ne sera sans doute pas facile, mais il n'y a pas d'autre solution. Vous ne pouvez ni tout faire, ni être partout, ni être avec tout le monde. En tout cas, pas si vous êtes déjà en permanence pris par le temps.

Vos casquettes

1. Faites le point sur le nombre de casquettes que vous portez. Parmi ces rôles, lesquels comptent vraiment pour vous ?

    Dans ce contexte, posez-vous aussi les questions suivantes :

    *   Qui dépend de *vous* ?
    *   De *qui* dépendez-vous ?

    Notez chacun de ces rôles dans une des cases ci-dessous.

2. Pour illustrer le sentiment que chacun de vos rôles vous inspire, dessinez l'un des smileys suivants :

    *   plaisir = ☺
    *   sentiments mitigés = ☺
    *   déplaisir = ☹

    Réfléchissez aux rôles qui vous déplaisent et qui n'ont qu'une importance secondaire dans votre évolution personnelle, alors qu'ils consomment une grande partie de votre temps. Pourriez-vous vous *débarrasser* de certains d'entre eux ?

3. Avez-vous encore beaucoup de casquettes empilées sur la tête ? Dans ce cas, vous devez absolument en éliminer, de façon à en porter *sept au maximum*. Au-delà, ce ne serait tout simplement pas réaliste. Vous avez du mal à vous débarrasser de certains rôles ? Dans ce cas, posez-vous les questions suivantes :

    • Est-ce que tiens vraiment à ce rôle ?

    • Ai-je délibérément choisi cette casquette ou quelqu'un me l'a-t-il mise sur la tête ?

    • Si je la laissais simplement tomber, qu'est-ce qui se passerait ?

    Bien entendu, certaines casquettes peuvent *se regrouper en une seule*. Par exemple, vous pouvez classer vos fonctions de père et de grand-père sous l'étiquette « famille ». Mais ne réunissez de rôles sous une seule casquette que si c'est vraiment faisable.

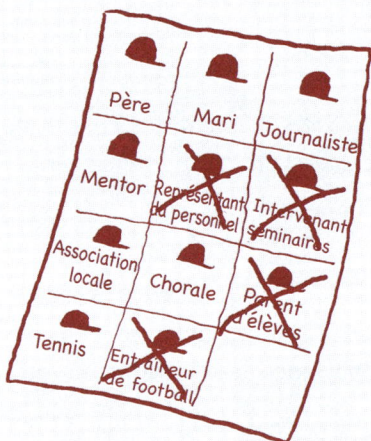

4. Avez-vous réussi à ne garder que sept casquettes ? Notez leurs noms dans le dessin ci-après :

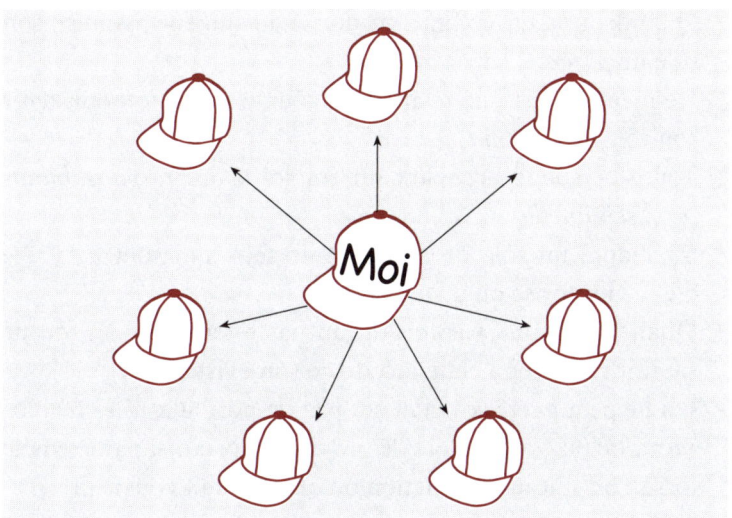

C'est seulement en vous limitant à l'essentiel, dans vos fonctions professionnelles et privées, que vous pourrez trouver un équilibre et un épanouissement.

Malheureusement, nous sommes des êtres d'habitude. Il nous est difficile de dire « adieu » à des rôles que nous avons assumés pendant des années, avec les rituels qui les accompagnaient, au point qu'ils deviennent pour nous une seconde nature. Mais comme le savent les aérostiers :

Pour monter plus haut, il faut lâcher du lest.

Ou, comme le dit ce proverbe chinois :

« Seul celui qui lâche prise a les deux mains libres. »

Évidemment, il existe certains rôles dont il est hors de question de nous défaire.

- Quand on a un enfant, on doit évidemment assumer son rôle de *parent*.
- De même, dans une relation de couple stable, on doit tenir son rôle de *conjoint*.
- Toute personne occupant un emploi a des *responsabilités professionnelles*.
- S'y ajoute un rôle de *pilote*, pour ceux qui sont à la tête d'une entreprise ou un service.
- Quand on a une *passion* ou un passe-temps favori, on ne saurait renoncer à cette facette de son existence.
- On ne peut guère se défausser par rapport aux *rôles temporaires* qu'on endosse lors de projets importants, par exemple lorsqu'on suit une formation ou que l'on fait construire.

Pour ces rôles, il n'y a pas de négociation possible. Mais il en est d'autres auxquels on peut facilement – et avec soulagement – renoncer. Par pur sens du devoir, certains d'entre nous se chargent de tâches qui ne sont absolument pas gratifiantes. Comme des bêtes de somme, ils acceptent que d'autres leur imposent un fardeau et ils investissent de leur temps dans des activités dénuées de véritable sens pour eux. Il est primordial que vous *éliminiez totalement ces rôles superflus et accessoires*, dans lesquels vous risquez de vous perdre.

Certaines personnes veulent trop en faire... et n'arrivent pas à suivre. Si vous essayez de poursuivre l'ensemble des activités qui encombrent votre agenda, vous devrez vivre « à fond la caisse », ou plutôt, « à fond le stress ». Avec des journées incroyablement surchargées, votre qualité de vie se transformera en rêve inaccessible.

Mais jeter des casquettes peu valorisantes ou peu agréables à porter n'est pas suffisant. Il faut aussi éviter qu'une de vos fonctions ne devienne trop *envahissante*. Là aussi, le concept de casquettes ou de rôles est utile, car il efface la limite entre les sphères privée et professionnelle. Si vous le gardez sans cesse à l'esprit, vous arriverez à créer un tout avec ces deux ensembles. Vous aurez alors franchi une importante étape vers une existence *plus harmonieuse et plus satisfaisante.*

Minidéclarations d'intention

Au départ, les casquettes ne sont que des mots vides, auxquels il faut donner du sens. C'est ce à quoi peuvent vous aider les *minidéclarations d'intention.* Elles vous serviront de point de référence concret pour fixer, dans votre quotidien, les priorités qui conviennent et vous y tenir.

Commencez par vous demander comment vous percevez vos différents rôles. Vis-à-vis de vos collaborateurs, par exemple, vous considérez-vous comme un chef ? Un modèle, un mentor, un guide visionnaire ? L'âme de l'équipe, celui qui en motive chacun des membres ?

Réfléchissez maintenant à ce que signifie *concrètement* être un « bon » patron, directeur ou chef d'équipe. L'histoire suivante vous y aidera :

Pour un sondage, on interroge trois ouvriers qui travaillent dur dans une carrière. L'enquêteur leur demande ce qui les pousse à faire un métier aussi pénible.

- L'un des ouvriers, qui tape de mauvais gré sur un bloc de granit, répond d'un ton morose : « *Il faut bien gagner sa vie.* »
- Le deuxième, qui semble assez motivé et travaille résolument la roche, affirme : « *Ça me plaît d'être le meilleur tailleur de pierre, ici.* »
- Plein d'enthousiasme et maniant ses outils avec plaisir, le troisième déclare : « *Je participe à la construction d'une cathédrale !* »

Le premier tailleur de pierre, qui voit dans son travail un fardeau et une obligation, n'aspire qu'à une chose : que la journée se termine. Le deuxième est le spécialiste typique, qui ne se pose jamais de questions sur ce qu'il fait. Le troisième, en revanche, s'interroge sur la *finalité* de son travail et sur son *utilité* pour les autres. Il a une *vision* claire du but de son existence.

Vous êtes-vous vous-même déjà demandé en quoi vos activités, qu'elles soient professionnelles ou privées, servent ou devraient servir le bien commun ?

Vos 88 ans

Imaginez que vous fêtiez aujourd'hui votre 88e anniversaire. Visualisez les personnes venues vous féliciter. Elles symbolisent les casquettes que vous portez comme, par exemple :

- votre directeur de service, ou votre plus gros client, représente *les principales fonctions que vous remplissez dans* votre *travail* ;
- un collègue représente votre casquette de *manager* ;
- votre conjoint(e) représente votre casquette d'*époux* ou d'*épouse* ;
- vos enfants représentent votre casquette de *parent*.

Partons de l'hypothèse que vous avez rempli vos fonctions avec dévouement, en cherchant toujours à donner le meilleur de vous-même. Dans un discours en votre honneur, que disent de vous les membres de votre entourage ?

1. Parmi vos traits de caractère, lesquels leur rappellent les souvenirs les plus attachants ?

    ....

    ....

    ....

    ....

    ....

2. Au cours de votre vie, qu'avez-vous apporté de nouveau ou d'important ?

    ....

    ....

    ....

    ....

    ....

3. Parmi vos réussites, desquelles votre entourage se souviendra-t-il le plus longtemps ?

    ....

    ....

    ....

    ....

    ....

4. Qu'avez-vous fait pour rendre la vie de ces personnes plus heureuse ?

    ....

    ....

    ....

    ....

    ....

Exemple

Lors de votre anniversaire, que disent les invités à votre sujet ? Inspirez-vous de l'exemple ci-dessous :

Casquette	Personne	Commentaires
Ami(e)	Meilleure amie	*Quand on a besoin d'aide ou de soutien, il/elle est toujours là.*
Conjoint(e)	Épouse	*Ma femme est ma moitié, dans le meilleur sens du terme. Notre couple se fonde sur la confiance et le respect mutuels.*

Exercice

Comme dans l'exemple ci-dessus, attribuez un rôle aux casquettes suivantes. Composez le bref discours que pourrait prononcer chaque personne associée à une casquette.

Casquette	Personne	Discours
	....	....
		....
		....
		....
	....	....
		....
		....
		....

Quand vous aurez fait cet exercice, vous percevrez claire-ment l'importance de vos différents rôles et il vous sera plus facile de *formuler concrètement* votre déclaration d'intention. Vous resterez ainsi axé sur ce qui compte vraiment dans votre existence... et qui comptera tout au long de celle-ci.

En vous inspirant des commentaires imaginaires que pourraient vous faire les membres de votre famille, vos amis ou vos collègues, rédigez une minidéclaration d'intention pour chacun de vos rôles.

Cela vous aidera à *étoffer votre projet de vie* et à en tenir compte dans l'ensemble de vos activités quotidiennes.

Minidéclarations d'intention pour chacune de vos casquettes

....
....
....
....

....
....
....
....

....
....
....
....

Phase 3 : Planning hebdomadaire des priorités

« S'il y a un secret à l'efficacité,
c'est la concentration. »
Peter F. Drucker

La pyramide du Life Leadership®

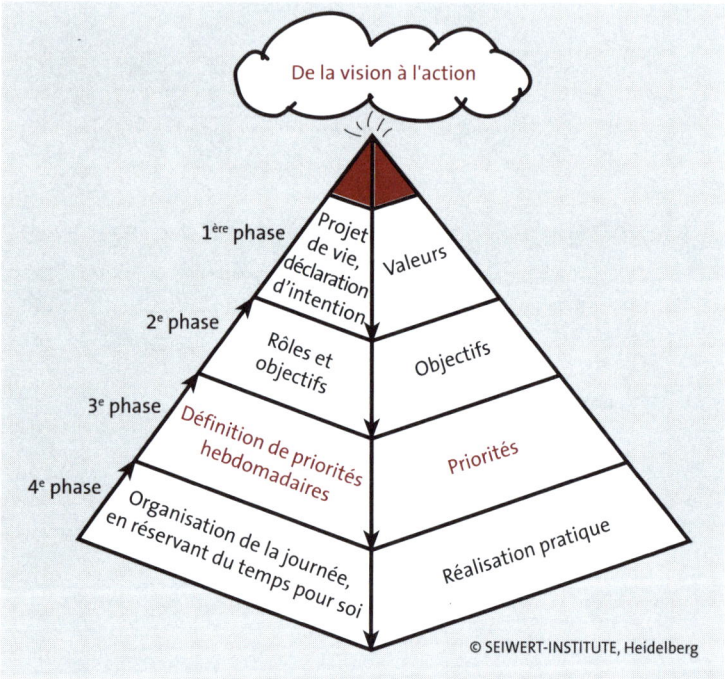

Croire que le temps se gère est une erreur. Il est vrai que l'expression « gestion du temps » est courante. Mais dans l'absolu, elle n'a pas de sens. Que nous le voulions ou non, les secondes, les minutes, les heures *s'écoulent*.

En revanche, nous pouvons modifier notre propre *attitude* vis-à-vis du temps. C'est même nous qui, dans une large mesure, décidons d'être stressés ou détendus, spontanés ou organisés, brouillons ou disciplinés, selon l'usage que nous faisons du temps dont nous disposons.

Se discipliner et utiliser son temps le mieux possible ne va de soi pour personne. Trop souvent, nous sommes esclaves de l'horloge. Mais il n'est pas si difficile d'être maître de son temps. La solution au problème consiste à se consacrer avant tout aux choses vraiment importantes. En d'autres termes, seuls ceux qui se fixent des *priorités* sont sûrs d'utiliser leur temps de manière efficace.

C'est moins le temps qui pose problème, que notre aptitude à nous concentrer sur ce qui compte vraiment. Organiser correctement son temps, c'est déterminer systématiquement ses priorités, dans tous les domaines.

Ceux qui savent se fixer des priorités maîtrisent mieux leur emploi du temps. La principale difficulté en matière de gestion du temps et de la vie est que, souvent, même si nous utilisons des agendas et des plannings, nous nous laissons déborder par des événements *ponctuels* qui surviennent en cours de journée. Et ce, au lieu de nous concentrer sur l'*essentiel*.

Important ou urgent ?

Beaucoup d'entre nous s'efforcent de transformer en réalité leurs vues et leurs objectifs à long terme. Pourtant, les « *balises* » qui les guident sur cette voie semblent s'éloigner toujours plus, en raison de tâches *urgentes*, mais relativement accessoires, qui dominent leur quotidien.

C'est une situation que la plupart des gens connaissent : du matin au soir, on court en tous sens pour s'occuper de mille choses sans importance. Et le soir venu, on se demande : « Qu'est-ce que j'ai fait qui en valait la peine, aujourd'hui ? Me suis-je rapproché de mes objectifs ? Qu'ai-je réellement fait qui me permette d'accomplir mon projet de vie ? » Dans cette journée frénétique, il est probable que seuls un ou deux brefs moments ont eu cet éclat.

De temps en temps – en général, c'est en début d'année –, nos vieux rêves et nos vieux espoirs nous reviennent en mémoire. Avec un soupir, nous prenons de bonnes résolutions : « Cette année, je réalise ce projet, coûte que coûte. » Mais pendant les douze mois qui suivent, rien ne change, comme d'habitude. Décembre arrive, l'année disparaît dans le lointain et douze nouveaux mois prometteurs se dressent devant nous. Au bout du compte, nous arrivons à la fin d'une carrière bien remplie, mais pas satisfaisante. Et une question s'impose alors : « C'est tout ? »

La principale coupable d'une gestion inefficace du temps est la tyrannie de l'urgence. Chaque jour, elle nous empêche de nous concentrer sur ce qui importe vraiment : nos aspirations profondes.

La tyrannie de l'urgence... C'est face à elle que les méthodes de gestion du temps et de planification traditionnelle montrent leurs limites. En effet, si ces méthodes traitent des symptômes, elles ne combattent pas vraiment les causes de notre inaptitude à passer outre aux événements qui mobilisent et détournent notre attention.

Mais comment déterminer quelles tâches et responsabilités sont vraiment importantes ? Comment distinguer ce dont il faut s'occuper immédiatement de ce qu'on peut remettre à plus tard ou déléguer ? Pour ne pas perdre de vue l'essentiel, il faut faire la différence entre ce qui est « *urgent* » et ce qui est « *important* ». À l'aide des définitions suivantes, attribuées à Dwight D. Eisenhower, vous *cernerez rapidement vos priorités* :

- *important* : valeurs, personnes, événements, réussites, objectifs, et l'avenir en général ;
- *urgent* : heure, délais, stress, interruptions, problèmes et situations de crise.

Le *principe d'Eisenhower* sert de base à quatre catégories, selon lesquelles définir vos priorités.

Tableau des priorités

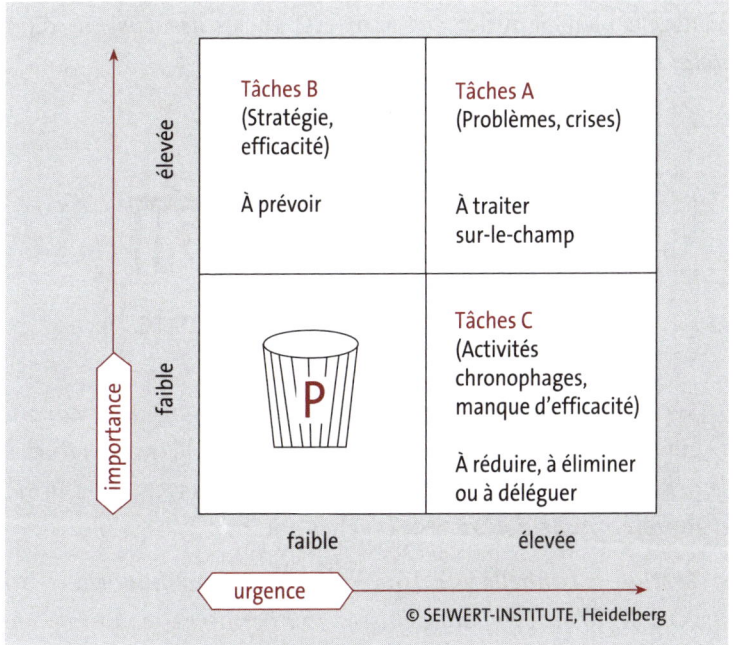

Chaque section appelle un type d'action différent.

Section A : *Activités importantes et urgentes*, avec un délai précis. Il faut les exécuter *immédiatement* et *en personne*. Elles ont le plus souvent trait à des questions *d'importance critique, des problèmes*, voire des situations de *crise*. On doit s'organiser de telle sorte que les choses importantes ne deviennent pas urgentes et qu'il ne faille pas les effectuer sous pression.

Section B : *Activités importantes, mais sans délai concret.* En général, il faut aussi s'en charger soi-même. Malheureusement, on a tendance à les renvoyer à plus tard. À la longue, elles deviennent non seulement importantes, mais aussi urgentes. On doit alors trouver une solution de dernière minute. Veillez à bien planifier ces activités, en les assortissant d'un *délai précis.*

Section C : *Activités urgentes quoique sans importance*, qui occupent la majeure partie de la journée. C'est là qu'*on a toutes les chances de pouvoir gagner* du temps. Essayez de *réduire, d'éliminer ou de déléguer* ces tâches autant que possible.

Section « Poubelle » : Tout ce qui n'est *ni important, ni urgent* et qu'on peut donc *laisser tomber.* Ayez le courage de faire du « classement vertical ». Si l'une des activités que vous avez ainsi délaissées s'avérait importante ou urgente, quelqu'un vous le signalerait tôt ou tard.

Les choses importantes sont rarement urgentes,
et les choses urgentes sont rarement importantes !

La tyrannie de l'urgence

Nous sommes tous soumis à la *tyrannie de l'urgence.* En général, les activités urgentes ont trait aux délais et aux priorités *d'autres personnes*, qui nous imposent de nous en occuper dans les plus brefs délais.

Cédant à ces pressions extérieures, nous faisons passer nos priorités au second plan. Nous nous jetons dans la bataille pour nous charger de tâches urgentes. De ce fait, nous n'avons plus de temps pour nos propres responsabilités, importantes d'un point de vue stratégique, mais pas urgentes (celles qui figurent dans la section B sur le schéma). Et tout cela, *parce que tout le monde veut tout, tout de suite, ou même pour hier, de préférence !*

Bien entendu, nous exerçons nous aussi des pressions de ce genre. Qui aime attendre ? Quand nous voulons quelque chose, nous le voulons illico !

Nous sommes particulièrement victimes de la *tyrannie de l'urgence* dans le cadre du travail. On ne peut se permettre de faire attendre son patron ou un client trop longtemps. Voici quelques exemples classiques :

- quand quelqu'un veut un rendez-vous, il souhaite habituellement l'obtenir *le plus vite possible* ;
- quand un client a une question à poser, il escompte une réponse *immédiate* ;
- quand votre patron vous confie une mission, il veut que vous vous en occupiez *sur-le-champ* ;
- et quand vous attendez quelque chose de quelqu'un, c'est aussi *pour tout de suite !*

Il n'est pas toujours possible d'échapper à la tyrannie de l'urgence. On peut cependant tenter de se ménager un peu de liberté de manœuvre. Quand vous fixez des *rendez-vous avec d'autres personnes*, gardez du temps pour *vos rendez-vous avec vous-même.*

Fixez-vous des rendez-vous avec vous-même. Pendant ces plages de temps, vous travaillerez sur vos dossiers réellement prioritaires et vous accomplirez ce qui contribue à la réalisation de vos objectifs.

Nous ne pouvons augmenter le nombre d'heures de nos journées. Mais nous pouvons nous fixer des priorités de façon à gagner autant de temps que possible, pour le consacrer à ce qui compte vraiment pour nous.

Définition proactive des priorités : plus de temps pour B,
moins pour C

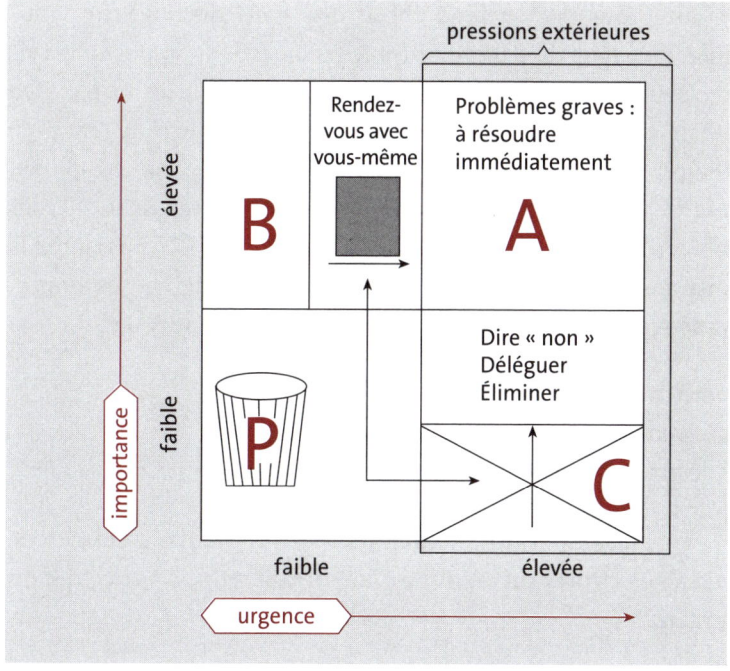

Nous passons le plus clair de notre temps à nous occuper de questions d'importance secondaire, mais urgentes, comme celles de la section C. Nous croyons devoir non seulement nous en charger nous-mêmes, mais aussi le plus vite possible. Ce n'est qu'en réduisant de manière radicale le temps que vous consacrez à ces tâches – en les laissant de côté, en les déléguant ou en les refusant carrément–, que vous pourrez vous consacrer aux activités de la section B, c'est-à-dire aux choses qui comptent vraiment dans votre vie.

Les gens qui réussissent ont un secret : ils savent rester concentrés sur la section B et passer aussi peu de temps que possible sur les tâches de la section C.

Cependant, même avec une organisation parfaite, vous ne parviendrez jamais à garder la section A totalement vide. Il y aura toujours quelque chose que vous devrez faire vous-même et tout de suite. Souvent, les questions importantes ne deviennent urgentes que quand quelque chose ne va pas. On ne peut éviter que des impondérables surviennent de temps en temps. C'est normal et, comme on dit : « *Prévoir, c'est remplacer le hasard par l'erreur.* » Mais si vous réussissez à vous libérer des activités secondaires de la section C, vous aurez la disponibilité nécessaire pour vous occuper de choses importantes, au cas où elles deviendraient soudain urgentes.

Voici l'attitude à adopter :
questions urgentes ➜ réaction ;
questions importantes ➜ action.

Conclusion : afin d'atteindre vos objectifs stratégiques, axez vos efforts sur ce qui est important, et *non* sur ce qui est urgent.

Priorités hebdomadaires

« Il faut non pas considérer ce qui est sur
votre planning comme prioritaire, mais
inscrire vos priorités sur votre planning. »
Stephen R. Covey

Afin de pouvoir agir, et pas seulement réagir, vous devez établir vos priorités pour la semaine. La plupart des gens ne sont attentifs qu'à leur programme de la journée, généralement saturée d'obligations. Mais si l'on veut transformer son projet de vie en réalité, il faut réfléchir à plus longue échéance.

Pour réaliser nos rêves et atteindre nos objectifs, nous devons leur réserver du temps en permanence, c'est-à-dire chaque jour et chaque semaine.

Organiser ses activités *jour par jour* est un bon début. Mais c'est courir le risque de la tyrannie des urgences, qui ne manquent jamais de se présenter. Contraint de vous en occuper, vous n'avez plus le temps de vous consacrer à ce qui importe vraiment. Chaque jour n'est qu'un minuscule sous-ensemble de notre vie entière. Et les choses vraiment importantes ne surviennent pas selon un rythme quotidien. C'est pourquoi il faut organiser votre temps sur une base *hebdomadaire*, week-end compris. De cette façon, vous aurez une vue d'ensemble sur votre vie professionnelle et votre vie privée, sur votre travail et vos loisirs.

Planifier votre emploi du temps *jour par jour*, c'est laisser les urgences supplanter vos priorités. En revanche, si vous vous organisez pour la *semaine*, vous arriverez mieux à vous consacrer à ce qui est *important*.

Si vous n'arrivez pas à consacrer chaque semaine du temps à ce qui compte vraiment pour vous, c'est que vous ne maîtrisez plus le cours de votre existence. Avez-vous trop d'activités ?

Jouez-vous trop de rôles différents ? Avez-vous défini des priorités assez claires, là où il le faut ? Quelle que soit la cause du problème, il n'y a plus d'*équilibre* dans votre vie !

Bien entendu, il y aura des semaines où vous ne pourrez pas être aussi présent que vous le souhaiteriez auprès de vos proches, ni bloquer quelques heures pour un parcours de golf ou simplement rester chez vous à ne rien faire. Mais ces cas doivent demeurer *exceptionnels* ! Ne perdez jamais de vue le résultat que vous voulez inscrire à votre *bilan* : mener l'existence qui vous convient.

Si vous faites toujours ce que vous avez toujours fait, vous aurez toujours ce que vous avez toujours eu.

Le week-end est le seul moment où nous avons le temps de réaliser certaines activités : jouer avec nos enfants ou rester tranquillement auprès de notre conjoint. Une *planification hebdomadaire* permet de réserver du temps pour l'ensemble de vos objectifs. En alliant vision et action, elle supprime le fossé entre :

- vos rêves et vos buts à long terme ;
- et vos occupations quotidiennes, habituellement soumises à la tyrannie de l'urgence.

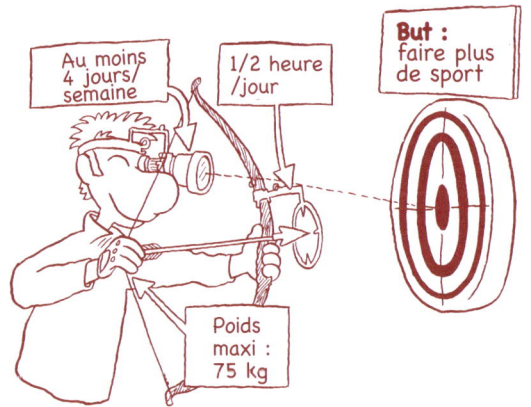

C'est seulement par ce moyen que nous pouvons faire concorder notre quotidien et nos aspirations profondes.

Planification hebdomadaire tenant compte du projet de vie et des objectifs

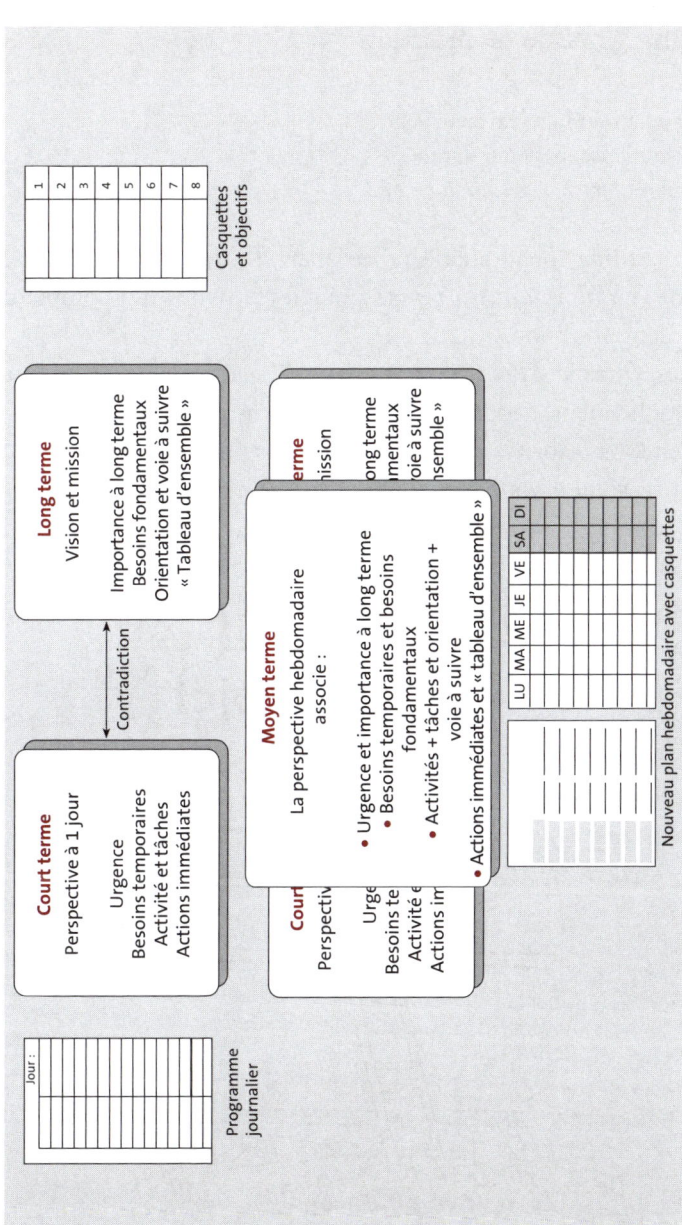

Long terme

Vision et mission

Importance à long terme
Besoins fondamentaux
Orientation et voie à suivre
« Tableau d'ensemble »

Court terme

Perspective à 1 jour

Urgence
Besoins temporaires
Activité et tâches
Actions immédiates

← Contradiction →

Moyen terme

La perspective hebdomadaire
associe :

- Urgence et importance à long terme
- Besoins temporaires et besoins fondamentaux
- Activités + tâches et orientation + voie à suivre
- Actions immédiates et « tableau d'ensemble »

Programme journalier

Jour :

| 1 |
| 2 |
| 3 |
| 4 |
| 5 |
| 6 |
| 7 |
| 8 |

Casquettes et objectifs

| LU | MA | ME | JE | VE | SA | DI |

Nouveau plan hebdomadaire avec casquettes

Inspiré de *Priorité aux priorités : vivre, aimer, apprendre et transmettre*, Stephen R. Covey, A. Roger Merrill, Rebecca R. Merril, traduit de l'américain par Alice Bréa, Pierre Saint Jean, Marc Villette sous le contrôle de Catherine Cullen, Paris, J'ai lu, 2010.

Planning hebdo en pratique

« On peut tout faire correctement,
sans voir l'essentiel pour autant. »
Alfred Andersch, écrivain allemand

Le planning hebdomadaire permet d'allier *perspective et action*, en *bloquant du temps* pour les activités qui comptent vraiment pour vous.

Respectez le « *principe des gros cailloux* ». Celui-ci consiste à remplir mentalement une benne de gros cailloux, qui représentent vos priorités profondes. Jetez ces pierres dans la benne jusqu'à ce qu'il vous reste juste assez de place pour les choses secondaires : du gravier, du sable et de l'eau.

Un emploi du temps fondé sur ce principe, qui réserve la part belle aux choses importantes, est la solution pour *équilibrer vos obligations professionnelles et votre vie privée*. De plus, le fait de noter l'ensemble de vos activités, au lieu d'en tenir simplement une liste mentale, rend plus facile de dire « non » aux aspects secondaires et « oui » à ce qui vous rapproche de vos objectifs personnels.

Ne laissez pas les distractions qui se présentent en cours de route – à intervalles toujours plus rapprochés – détourner votre attention. Les tâches accessoires, qui font perdre de vue l'essentiel, remplissent vite une semaine de travail. Pensez à vous fixer des rendez-vous avec vous-même. En d'autres termes, *faites un effort conscient pour consacrer du temps à vos objectifs à long terme*.

Pour éviter de vous perdre dans les détails, vous pouvez aussi organiser votre semaine de façon à ne vous occuper de certaines choses que pendant une journée donnée.

Gardez une certaine *flexibilité* par rapport à ce que vous dicte votre agenda. Le principe est d'avoir du temps pour ce qui contribue vraiment à réaliser vos rêves et vos objectifs profonds. Il ne s'agit donc pas de se plier servilement à un programme défini à l'avance.

Essayez vous-même

Selon le modèle ci-après, intégrez vos différentes casquettes dans votre emploi du temps. Tout au long de la semaine, vous pourrez ainsi accorder du temps à chaque domaine de votre existence. Gardez cette feuille dans votre agenda pour l'avoir en permanence sous la main.

Une semaine de « casquettes »

Agenda hebdomadaire

Date: _____

✦ Répartition par domaines

Santé : gym, séance d'essai

Travail : Travail : (tous les jours) CNN

Interview et infos

Contacts : Contacts : Déjeuner avec

prof de golf

Sens de
ma vie : Guide de méditation

10 pages par jour !

Casquette : Vice-président Avalon

Activité : Formation kaizen

Casquette : Président GIF

Activité : Exposé sur les normes

Casquette : Chef scout

Activité : Organisation retraite

d'automne

Casquette : Mari

Activité : Cours de cuisine

Concert N. Jones

Casquette : Père

Activité : Appeler Jean pour

stage d'été

Casquette : Cuisinier pour le week-end

Activité : Courses au supermarché

asiatique

Casquette : Fondation Oasis

Activité : Accueil des nouveaux

membres

© SEIWERT-INSTITUTE, Heidelberg

Priorités hebdomadaires

Agenda hebdomadaire

Date :

◆ Répartition par domaines

Santé :

Travail :

Contacts :

Sens de ma vie :

Casquette :
Activité :

Casquette :
Activité :

Casquette :
Activité :

Casquette :
Activité :

Casquette :
Activité :

Casquette :
Activité :

Casquette :
Activité :

Réappropriation du temps

① Établir déclaration d'intention et objectifs
② Identifier rôles/casquettes
③ Définir priorités hebdomadaires
④ Accomplir tâches du jour

Phase 4 : Efficacité des tâches quotidiennes

« Une vie qui mérite d'être vécue,
c'est une vie qui mérite qu'on la raconte. »
Anthony Robbins,
spécialiste de développement personnel

La pyramide du Life Leadership®

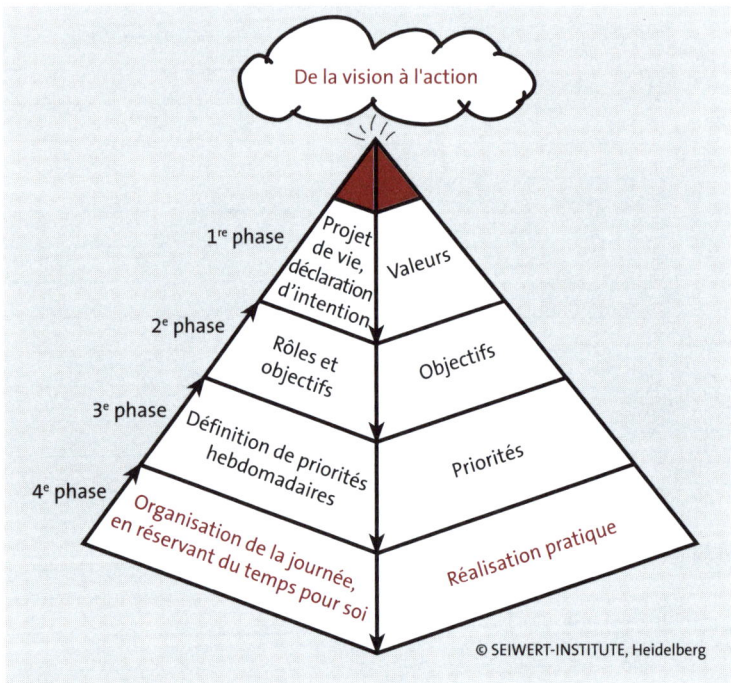

Avoir noté ce que vous voulez accomplir pendant la semaine ne suffit pas. Encore faut-il traduire vos intentions dans la pratique.

Révisez votre emploi du temps hebdomadaire, jour après jour. Chaque matin, prenez quelques instants pour vérifier si vous avez respecté vos priorités de la semaine. Posez-vous les questions suivantes : « *Qu'est-ce qui compte vraiment pour moi ? À quoi dois-je me* consacrer aujourd'hui *de façon à me rapprocher de mes objectifs ?* »

Quand on essaye d'en faire trop, en surchargeant son emploi du temps, on perd en flexibilité. Et on « gagne » inévitablement en stress.

Malgré tous vos efforts pour planifier, des impondérables surviendront forcément. Adaptez-vous, en vous fixant de nouvelles priorités.

Organisez efficacement votre journée

Quand nous portons un œil critique sur l'une de nos journées de travail normales, nous nous avouons dépassés par les événements. Alors que nous ne comptons plus nos heures supplémentaires, nous avons le sentiment de n'avoir pas du tout été productifs. Nous avons beau travailler dur, nous n'arrivons jamais à consacrer du temps à ce qui nous importe vraiment. De petits incidents imprévisibles, qu'il fallait traiter sans attendre, nous ont empêchés d'accomplir une journée de travail véritablement productive.

Dix erreurs typiques

1. J'ai voulu en faire trop à la fois.   ○
2. Je n'ai pas clairement défini mes priorités.   ○
3. Je n'ai pas prévu assez de temps pour
   les impondérables.   ○
4. J'ai oublié de me ménager des pauses.   ○
5. Mon bureau est dans un désordre indescriptible.   ○
6. J'ai bloqué trop peu de temps pour les appels
   téléphoniques, mémos et réunions.   ○
7. J'ai renvoyé des corvées à plus tard.   ○
8. Je n'ai pas su dire « non » !   ○
9. J'ai voulu tout faire à la perfection.   ○
10. J'ai manqué d'autodiscipline.   ○

Cela « sent le vécu » ? Pourtant, c'est vous qui décidez de ce que vous faites de votre temps. Si vous voulez faire plaisir à tout le monde et être partout à la fois, vous ne maîtriserez jamais votre emploi du temps et vous n'atteindrez jamais vos objectifs ! Vous ne parviendrez jamais à vous centrer sur l'essentiel, car vous perdrez votre temps en détails.

Mieux vous organisez vos journées, mieux elles vous serviront à atteindre vos objectifs personnels.

Sept règles pour organiser vos journées

1. Tenez votre emploi du temps par écrit. Notez immédiatement dans votre *agenda* l'ensemble de vos tâches et autres obligations, y compris celles qui vous paraissent complètement secondaires et routinières. C'est le seul moyen de garder une trace de ce que vous faites et de bloquer du temps pour les choses les plus importantes.

2. Préparez votre emploi du temps la veille. De cette manière, votre *subconscient* mettra ses talents créatifs au travail pendant votre sommeil. Et vous n'irez pas vous coucher en appréhendant le lendemain.

3. « Budgétez » votre temps et fixez-vous des limites. En matière d'argent, vous faites attention et vous calculez vos dépenses à l'avance. Pourquoi ne pas en faire autant avec votre temps ? Sachant qu'il a encore plus de valeur que l'argent ! L'attention qu'exigent la plupart de vos tâches est potentiellement infinie. C'est pourquoi il faut, pour chacune, fixer *une durée à ne pas dépasser*. Vous découvrirez que si l'on respecte ces limites, on arrive à libérer d'incroyables ressources en temps pour d'autres choses.

4. Ne planifiez pas la moindre minute de votre emploi du temps. Un programme réaliste doit inclure ce que vous souhaitez accomplir, mais seulement à condition que ce soit faisable. Ne sous-estimez pas le temps que nécessiteront vos différentes activités. Pour être sûr d'avoir assez de temps pour tout, ne prévoyez d'occupations que pour 60 % de votre journée au maximum. Respectez la *règle des 60-20-20* : 60 % pour les activités prévues, 20 % pour les impondérables et les infâmes tâches chronophages qu'on vous impose, et 20 % pour les contacts et événements sociaux. Avec l'expérience, vous anticiperez de manière plus réaliste ce que vous pouvez – ou pas – accomplir dans la journée.

5. Réunissez dans une seule plage de temps les activités en rapport les unes avec les autres. Structurez votre journée en plages de temps approximatives. Mais ne soyez pas esclave de votre programme – il faut rester *flexible* !

Voici à quoi pourraient ressembler ces *plages de temps* :

8 h 30 – 10 heures   *Tâches de la section A* : concentration nécessaire, donc pas d'appels téléphoniques ni autres interruptions.

10 heures – 11 heures   *Communication* : échanges avec le patron, les clients, les collègues. Appels téléphoniques et courriers.

11 heures – 12 heures   *Tâches de la section A* ou réunions.

12 heures – 13 heures   Déjeuner.

13 heures – 14 heures   *Tâches de la section C* : classement, lectures professionnelles, contacts sociaux.

14 heures – 15 heures   *Tâches de la section B* : concentration nécessaire, donc pas d'appels téléphoniques ni autres interruptions.

15 heures – 16 heures   *Communication* : échanges avec le patron, les clients, les collègues. Appels téléphoniques et courriers.

16 heures – 17 heures   *Tâches de la section B* ou réunions.

17 heures – 17 h 30   Bilan de la journée et *préparation du programme du lendemain* : évaluation des actions accomplies par rapport aux prévisions (réalisation des objectifs) et établissement de l'emploi du temps du lendemain.

6. Donnez la priorité à vos priorités. Commencez toujours par ce qui est le plus important, et non par ce qui est le plus urgent ! Posez-vous sans cesse les questions suivantes : « *Est-ce vraiment primordial ? Si je ne le fais pas, que va-t-il se passer ?* » Apprenez à refuser, en respectant cette règle d'or : « *Dire "non" quand c'est possible, dire "oui" quand c'est nécessaire.* »

7. Concentrez-vous sur le positif. Pensez toujours à la joie que cette journée doit vous apporter. Chaque jour, faites-vous *plaisir* : par exemple, retrouvez des amis, allez au cinéma, changez de coupe de cheveux ou réservez une table à votre restaurant préféré. Une réussite à long terme dépend de l'*équilibre* entre votre vie professionnelle et vos activités privées.

Emploi du temps quotidien

Décembre 2008
Semaine 50 / Jour 345   Mercredi **10**

Priorité :

À faire soi-même :

Préparer exposé pour le comité GIF

8.30

Réunion kaizen

9   Invitation Oasis

10

11   À déléguer :

Réservation vol Vienne

12   Vérif. épreuves pub Sicloten

1

2

3   ☎

Victoria Gay poste 8119

4   Réunion :   Frank Linder
     Groupe marketing

5

6 ∞   Gym

7   ✉

Envoyer félicitations à Barbara

8 ∞   Cours
     d'informatique

14

© www.tempus.de

Essayez vous-même

Il faut beaucoup de discipline pour rester en permanence concentré sur ses objectifs. Motivez-vous tous les jours. Pour cela, en fin de journée, dressez votre *bilan* personnel ou bien tenez un journal des réussites, où vous noterez tous vos succès quotidiens. Cela vous permettra de rester axé sur le côté positif des choses et sur vos points forts. En effet, ce regard honnête porté sur les événements de la journée vous incitera à persister dans vos projets et à réaliser les avancées nécessaires pour satisfaire vos aspirations profondes.

Le meilleur endroit où tenir votre journal des réussites est votre *agenda*, dans lequel il suffit de copier la liste suivante.

Mon journal des réussites

- Aujourd'hui, en quoi me suis-je rapproché de mes objectifs ?
- Quels objectifs suis-je décidé à poursuivre de façon plus systématique à l'avenir ?
- Qu'ai-je appris aujourd'hui et que ferai-je de manière différente dorénavant ?
- À quelles occupations ai-je consacré beaucoup de temps non productif ?
- Quelle récompense vais-je m'accorder pour ce que j'ai fait de bien dans la journée ?

La réussite en sept jours

Astreignez-vous à remplir tous les jours votre journal des réussites. Mais ne considérez pas chaque journée de manière isolée des autres. Révisez toute la semaine écoulée, en examinant chaque jour d'un œil critique. L'organisation de votre emploi du temps a-t-elle été correcte ou faut-il en rectifier certains aspects ? La liste de questions suivante vous aidera à améliorer vos compétences en gestion du temps.

1. Avez-vous une idée bien claire de *votre mission et de vos rôles* ? Vérifiez que l'équilibre entre les différentes facettes de votre existence est respecté.

2. Vous concentrez-vous sur les choses *réellement importantes* ? Ne vous perdez pas en détails secondaires. Et n'oubliez pas de bloquer des moments agréables pour des activités d'ordre privé, à côté de vos responsabilités professionnelles.

3. L'organisation de votre emploi du temps est-elle dans la ligne de *vos objectifs* ? Vérifiez que vos activités de chaque jour vous en rapprochent.

4. Avez-vous clairement défini vos *priorités* ? Ne cédez pas à la tyrannie de l'urgence. Placez toujours ce qui est important avant le reste.

5. Parvenez-vous à éviter les *dérangements* et autres événements chronophages ? Prévoyez suffisamment de temps pour les impondérables et osez dire « non ».

6. Êtes-vous *discipliné* ? Divisez les tâches difficiles en portions, mais ne renvoyez pas à plus tard celles qui pour vous sont des corvées.

7. Faites-vous régulièrement le *point* sur vos succès et vous en réjouissez-vous ? Vérifiez votre agenda avec un œil critique. Mais n'oubliez pas de saluer vos propres succès et de vous récompenser en conséquence.

Carpe diem ! Savourez le moment présent ! Ne passez pas votre vie à faire plus en moins de temps. Gardez à l'esprit que notre monde est en accélération constante et qu'il faut réagir contre ce phénomène, en préservant un équilibre viable entre vos responsabilités professionnelles et vos aspirations personnelles. Or, la *clé de cet équilibre*, c'est la gestion du temps.

Partie 3

Gestion du temps :
la clé de l'équilibre
vie professionnelle/vie privée

Une vie harmonieuse,
qui privilégie l'individu

« La vie, c'est ce qui se passe
pendant qu'on fait des projets. »
John Lennon

Vous avez bien lu le titre de ce chapitre : il vous incite à l'*indi-vidualisme*. Mais pas dans le sens où vous le comprenez peut-être. L'individualisme est à distinguer de l'égoïsme et de l'obsession de sa petite personne au détriment des autres. Si vous devez vous *recentrer* sur votre individualité, c'est pour vous axer avec fermeté sur ce qui a une *véritable importance pour vous*. Les *individualistes*, au sens positif du terme, décident de la direction à donner à leur vie, de leurs valeurs, de leurs buts et de ce qui est bon pour eux. Plutôt que de se demander ce qu'ils veulent obtenir, ils se demandent pourquoi ils veulent l'obtenir. Ils ne perdent pas de vue ce qu'ils sont et ce qu'ils ont à offrir. Ils apprécient le côté positif des choses, les moments magiques, les couleurs de ce qui les entoure. Pour eux, la vie est comme une brise porteuse de créativité...

Ceux qui osent l'individualisme ont toutes les chances d'échapper à la folie de la vitesse qui caractérise le monde d'aujourd'hui. Ils sont sur la bonne voie pour passer d'une gestion traditionnelle du temps à une véritable gestion de leur existence, qui garantisse l'*équilibre entre ses différentes facettes*.

Faites comme les *slobbies*

Vous vous rappelez les *slobbies* évoqués dans la première partie, ces personnes qui travaillent plus lentement, mais mieux ? Les *slobbies* sont fiers de ne plus vivre comme des hamsters dans leur cage, à courir toujours plus vite sur une roue qui ne les mène nulle part. Pour eux, la vitesse n'est pas le seul et unique critère de performance. Ils prennent plaisir à travailler à leur rythme, ce qui leur permet d'être à la fois productifs et créatifs. Ces *individualistes* veillent à ce que leur agenda ne déborde pas d'obligations professionnelles. En effet, ils tiennent à réserver assez de temps à la distraction et au plaisir : un dîner avec des personnes dont ils apprécient tout simplement la compagnie, ou même un après-midi libre – pour eux, et non pas pour rattraper du travail en retard.

Essayez vous-même

Pour apprendre l'art de l'*individualisme,* commencez par créer de l'espace dans votre vie. Prenez du papier et écrivez les réponses à ces questions :

- À quoi me servira cet espace ?
- Qui m'empêche de me ménager cet espace ?
- Quelles sont les personnes ou les choses qui me stressent particulièrement ?

Les règles et la rationalisation n'entrent guère dans la philosophie des *slobbies*. Il ne leur viendrait pas à l'esprit de faire la chasse aux chronophages (appels téléphoniques, réunions et autres bavardages de couloirs, par exemple), car selon eux, à quoi bon gagner du temps dans son travail, si c'est pour y perdre en *plaisir* et en *qualité de vie* ?

Pour réussir dans la société de la *vitesse*, il ne faut pas travailler plus dur. Il faut simplement tirer un meilleur parti de ce qu'on a déjà, en déployant des ressources stratégiques non encore exploitées. Dans l'entreprise de l'avenir, la solution pour rester au meilleur niveau consistera à savoir *recharger ses batteries*. En effet, l'être humain ne peut gagner indéfiniment en vitesse ou en endurance. Comme le dit Peter Wippermann, analyste de tendances : « *Pour rebondir, encore faut-il se poser.* »

« *Si vous savez ce que vous faites, vous pouvez faire ce que vous voulez.* » Cette phrase de Moshe Feldenkrais (inventeur de la méthode de prise de conscience par le mouvement qui porte son nom) pourrait servir de maxime aux *slobbies*. Mais c'est plus facile à dire qu'à faire. Qui fait vraiment ce qu'il veut ? Notre emploi du temps est souvent dicté par d'autres. Nous devons être à notre bureau à 9 heures. Notre première réunion est fixée à 10 heures, et ainsi de suite jusqu'à la téléconférence de 17 heures avec New York...

Il n'empêche – ceci explique peut-être même cela – que *les slobbies sont souvent sur le dessus du panier.* À vrai dire, ils n'ont rien d'une espèce nouvellement apparue. On les trouve partout où la patience et la précision sont indispensables. Par exemple, un bon vigneron sait que pour faire du bon vin, il faut du temps et de la maturation. Un restaurateur d'œuvres d'art doit lui aussi faire preuve d'une patience infinie pour qu'une fresque continue à émerveiller les générations futures. L'horloger qui, comme autrefois, assemble des pièces de montres de luxe doit avoir la main ferme et l'œil aguerri – ce qu'un ordinateur ne pourra probablement jamais remplacer.

Rolf Lang est créateur de montres chez A. Lange & Söhne, à Glashütte (Allemagne), entreprise fondée en 1845. Chez cet horloger de tradition, le temps semble s'être arrêté. Rolf Lang travaille sur une vieille table de pin noir. Dans son atelier, rien n'a changé depuis 1920. Son employeur gagne de l'argent en laissant le virtuose procéder à son rythme. Les clients de l'entreprise doivent aussi être patients, car la réalisation d'un nouveau modèle peut prendre plus d'un an.

Rolf a étudié l'histoire de la fabrication des horloges et des montres. Avant qu'il s'installe à Glashütte, il était à Dresde, où il restaurait le salon de Mathématiques et de Physique du palais du Zwinger, créé par le roi de Saxe Auguste le Fort. C'est là qu'il a appris qu'on ne peut « tuer le temps » sans blesser l'éternité tout entière. *« Je tire aujourd'hui de bonnes idées du passé »*, explique-t-il. Il fabrique toutes ses pièces à la main, du moindre rouage au cadran. *« J'emboîte les pièces de façon qu'elles tombent amoureuses l'une de l'autre. »* Dans les cas d'urgence, il finit une montre en six mois. Le quantième, c'est-à-dire l'élément qui indique la date, se compose à lui seul de 66 pièces. *« On ne peut aller plus vite que la mécanique »*, affirme-t-il (magazine *Stern*, juillet 2003).

Cette *lenteur*, voulue pour tirer parti de la façon la plus pertinente des capacités de l'individu, ne doit pas être confondue avec la paresse. Ralentir ne signifie pas automatiquement réduire ses performances, de la même manière que travailler dur ne conduit pas toujours à la réussite. Outre qu'ils sont plus créatifs, les travailleurs patients et *individualistes* aiment davantage ce qu'ils font. Et en fin de compte, ils sont plus productifs que leurs collègues qui courent sans cesse après le temps. Car à long terme, seules les personnes qui arrivent à trouver l'équilibre entre travail et temps libre demeurent à un haut niveau de performance. Faites comme les *slobbies* :

Développez votre *sens de l'individualité.* Ralentissez pour être plus performant !

Les conseils qui suivent vous aideront à retrouver votre individualité :

Comment devenir plus individualiste

○ *« Détoxifiez » votre agenda :* annulez tous vos rendez-vous sans importance (dans la mesure du possible, bien entendu). Réservez du temps à vos loisirs. Un peu de lèche-vitrines suivi d'une séance de cinéma, puis d'une « after » autour d'un verre dans un bar, fait des merveilles.

○ *Sur la route du bonheur :* évitez de prendre les ascenseurs ou les escaliers mécaniques. Circulez à vélo chaque fois que c'est possible. Même si ce moyen de locomotion est plus lent, il vous amènera souvent plus vite à destination et vous serez plus en forme. Garez-le à un endroit facile d'accès. Malgré toutes vos bonnes intentions, si vous devez déplacer votre voiture pour sortir votre vélo, il est à parier que vous ferez le trajet... en voiture.

○ *Retrouvez les petits plaisirs :* savourez l'instant présent. Vous rappelez-vous combien il est agréable de marcher pieds nus sur du gazon humide de rosée ou de s'asseoir tranquillement dans son jardin après un orage, pour respirer l'air purifié par la pluie ? N'attendez plus pour revivre de tels moments.

○ *Remplacez le fast-food par le slow-food :* consacrez du temps et quelques efforts à faire la cuisine, afin de consommer des aliments frais et sains. De plus en plus de gens découvrent le plaisir de préparer leurs repas ensemble.

Fréquentez un cours de cuisine. Vous apprendrez toutes sortes de recettes et d'astuces et vous passerez un bon moment en compagnie d'autres personnes.

Petites mesures – Gros effets

Réinventer sa vie du jour au lendemain n'est pas possible. Mais en adoptant quelques simples mesures, vous pourrez vous retrouver vous-même. Avant cela, il faut savoir exactement ce que vous voulez changer. Le questionnaire suivant vous aidera à le cerner.

Êtes-vous satisfait de votre existence ?
Répondez aux questions ci-après selon l'échelle de satisfaction suivante :

Globalement satisfait	2 points
Parfois satisfait	1 point
Insatisfait	0 point

Êtes-vous satisfait...

... de votre vie en général ? (pour les possibilités
qu'elle vous offre et pour le sens que vous y trouvez) ○

... de votre vie amoureuse ? ○

... de votre vie familiale ? ○

... de votre travail ? ○

... de votre environnement social ?
(amis/collègues/connaissances) ○

... de votre situation financière ? ○

... de votre état physique ?
(santé/forme/sexualité) ○

... de vos loisirs ? ○

En répondant à ce questionnaire, vous venez de faire un premier pas dans l'acquisition de nouvelles méthodes de gestion de votre vie.

Faites le total de vos points : ____

Si vous en obtenez *moins de sept*, vous devez prendre des mesures radicales ! Et ce, dès aujourd'hui.

Fixez-vous des « objectifs satisfaction »

Dans les domaines dont vous êtes *le moins satisfait*, dressez une liste des choses à changer et des objectifs à atteindre :
- à court terme (d'ici un mois) ;
- à moyen terme (dans les six mois qui viennent) ;
- à long terme (ensuite).

Décrivez vos *objectifs* aussi précisément et en détail que possible. Veillez toutefois à ce qu'ils soient réalisables. Rien n'est plus décourageant qu'un but impossible à atteindre, car au lieu de mener au succès et à la satisfaction, il n'engendre que frustration et sentiment d'échec.

« Que vous pensiez pouvoir
ou ne pas pouvoir, vous avez raison ! »
Henry Ford

Améliorateurs de satisfaction

Essayez les « améliorateurs de satisfaction » suivants, en les intégrant petit à petit dans vos activités quotidiennes :
- *Vivez votre vie maintenant.* Ne renvoyez pas vos rêves à plus tard, quand vous serez à la retraite et que vos enfants seront élevés. Ce serait juste une façon supplémentaire de gaspiller le temps qui vous est imparti.

- *Définissez votre projet de vie.* Découvrez qui vous êtes, au fond, et ce que vous voulez vraiment. Rédigez votre « déclaration d'intention » (revenez à la page 97 si nécessaire).
- *Prenez l'initiative.* Ignorez le jugement des autres. Faites ce que vous voulez et ce qui est bien pour vous.
- *Prenez soin de votre santé.* Faites votre maximum pour rester en forme. C'est ce qui compte le plus pour que votre existence se poursuive de manière harmonieuse.
- *Réservez du temps pour votre famille et vos amis.* N'oubliez pas d'aimer.
- *Vivez à votre rythme.* Nous verrons comment dans la section suivante.

Essayez vous-même

Débarrassez-vous des choses que vous vous sentez obligé de faire, et ne vous mettez plus vous-même sous pression pour les accomplir. Cessez d'utiliser des expressions telles que : « il faut » ou « je dois ». Décrivez plutôt ce que vous faites en termes positifs. Ne dites pas : « il faut que je sois heureux » mais « je veux être heureux ».

Trouvez votre rythme

Que vous gériez votre temps d'une manière convergente ou divergente (voir page 56), rappelez-vous ceci : la meilleure réaction à l'esprit d'urgence qui règne aujourd'hui consiste à trouver *un équilibre entre la précipitation et la modération*, entre les exigences de votre métier et vos rêves, entre la réalité et les buts que vous souhaitez atteindre. Gérer votre temps et vos activités de manière efficace, c'est *construire activement votre vie.*

L'homme qui cherchait

Il était une fois un homme qui cherchait. Il voulait trouver la solution d'un problème difficile, mais n'y parvenait pas. Ces échecs ne faisaient qu'aggraver son angoisse, son désespoir et son amertume. Quoi qu'il fasse, la solution demeurait hors de sa portée.

C'est que la solution elle-même était hors d'haleine. Quoi qu'elle fasse, elle n'arrivait pas à suivre la cadence. Ce n'était pas étonnant, vu l'allure de l'homme, qui cherchait, cherchait, sans jamais le moindre répit.

Un jour, l'homme qui cherchait, à bout de forces, s'assit sur un rocher. La tête dans les mains, il laissa libre cours à son désespoir.

La solution, qui arrivait derrière lui et qui ne s'attendait pas à voir la fin de cette folle quête, le percuta et lui tomba sur les genoux. L'homme releva l'invitée surprise, stupéfait de constater qu'il tenait entre ses mains la solution à son problème.

Le temps n'est pas toujours de l'argent, mais c'est toujours de la vie. Dans tous les cas possibles, extrayez-vous du piège minuté dans lequel vos journées se transforment le plus souvent. Libérez-vous de votre *routine*. En route pour votre travail, pourquoi ne pas faire halte dans ce petit café à l'ambiance méditerranéenne qui vous attire l'œil tous les matins ? Vous serez peut-être un peu en retard au bureau. Mais comme vous y arriverez d'excellente humeur et plein d'énergie, vous avancerez beaucoup plus vite que d'habitude dans vos tâches. Votre petite échappée, loin de vous avoir fait perdre du temps, vous en aura fait gagner !

Quoiqu'il arrive, respectez *votre rythme interne*.

Identifiez vos facteurs de stress

« Il n'est pas de meilleure méditation
que le sommeil. »
Dalaï-Lama

Quand on le gère correctement, le stress, au lieu d'être un fauteur de troubles, aide à vaincre les obstacles. Quelle dose de stress vous faut-il pour donner le meilleur de vous-même ? À quel stade commence-t-il à avoir des effets négatifs sur votre état physique et mental ?

Commencez par *vous demander ce qui vous stresse*. Le stress est une sensation très diffuse : on est tendu, mais on ne saurait dire pourquoi. De plus, il est très subjectif, car chaque situation stressante est unique. Pour certaines personnes, être chargé de prononcer le discours d'introduction à un symposium est à la fois un honneur et un plaisir. Pour d'autres, c'est un cauchemar. Faites le point sur votre propre cas. Qu'est-ce qui vous stresse ? Attendre à la caisse du supermarché, rendre visite à votre belle-mère, croiser votre voisin d'en face, rester bloqué dans les embouteillages ou subir la présence d'un de vos collègues ? Dressez une liste de ces facteurs de stress, d'anxiété ou même de peur. Notez les événements qui ont sapé votre énergie dans les dernières semaines. En effet, pour combattre efficacement les choses qui vous mettent dans cet état, encore faut-il les identifier.

Test : êtes-vous stressé ?

En fin de journée, avez-vous l'impression de n'avoir accompli qu'une partie minime de vos tâches ?   *Oui* ○ *Non* ○

Après le travail, êtes-vous tellement fatigué que vous fuyez le contact avec les autres ?   *Oui* ○ *Non* ○

Vos soucis vous empêchent-ils de dormir ?   *Oui* ○ *Non* ○

Au lever, pensez-vous immédiatement aux tâches qui vous attendent dans la journée ?   *Oui* ○ *Non* ○

Avez-vous tendance à vous disperser et êtes-vous souvent distrait ?   *Oui* ○ *Non* ○

Êtes-vous souvent fatigué et abattu ?   *Oui* ○ *Non* ○

Avez-vous l'impression de vivre constamment dans l'urgence ?   *Oui* ○ *Non* ○

Avez-vous souvent un sentiment de « ras le bol » ?   *Oui* ○ *Non* ○

Avez-vous du mal à prendre des décisions ?   *Oui* ○ *Non* ○

Trouvez-vous que vous devez tout faire vous-même ?   *Oui* ○ *Non* ○

Avez-vous rarement du temps pour vous-même ?   *Oui* ○ *Non* ○

Êtes-vous souvent impatient et irritable ?   *Oui* ○ *Non* ○

Avez-vous tendance à aiguillonner les autres pour qu'ils fassent plus vite ?   *Oui* ○ *Non* ○

Avez-vous du mal à vous détendre ?   *Oui* ○ *Non* ○

Y a-t-il trop peu de moments de joie dans votre vie ?   *Oui* ○ *Non* ○

Avez-vous répondu par l'affirmative à la plupart des questions ? Alors, vous devez au plus vite lancer votre *campagne antistress* !

- Identifiez les situations *qui vous stressent.*
- Évitez systématiquement le *stress inutile.*
- *Limitez votre stress* ou trouvez des moyens de le compenser.

Essayez vous-même : votre carte du stress

Pour définir vos facteurs de stress, représentez sur le papier votre carte du stress.

Au centre d'une feuille de papier du plus grand format possible, écrivez le mot « STRESS » en majuscules. Cela symbolise votre « stress maximum ».

À l'aide des résultats du questionnaire de la page 192, notez tout ce qui vous fait « tourner en bourrique » au quotidien, en allant des facteurs de stress les plus aigus, au milieu de la page, jusqu'au bord, pour les plus légers. Notez aussi les idées qui vous viennent pour y remédier ou pour les compenser. Refaites cet exercice à intervalles réguliers, en observant dans quels domaines vous avez obtenu des résultats. Vous saurez ainsi quelles causes de stress, chez vous, résistent particulièrement au changement.

Lâchez du lest

Maintenant que vous avez cerné vos fauteurs de troubles personnels, examinez la possibilité de *limiter* certains d'entre eux, voire de les bannir complètement de votre existence. Là encore, il faut au préalable savoir ce qui compte le plus pour vous et avoir décidé de vos véritables buts dans la vie. En effet, quand on est complètement débordé, on oublie facilement le plus important. Faites une pause, *éclaircissez vos esprits* et *identifiez ces objectifs*, avant d'embrayer pour les atteindre. Répondez aux questions suivantes :

- Quelles sont vos aspirations sur le plan professionnel et privé ?
- Où voulez-vous arriver dans un mois, dans un an, dans cinq ans ?
- Qu'est-ce qui compte le plus pour vous ?

C'est seulement en identifiant clairement ce que vous voulez que vous pourrez lui consacrer le maximum d'énergie. Cela vous obligera à vous *fixer des priorités* et à laisser faire par d'autres ce que vous pouvez *déléguer*. Éliminez constamment les tâches superflues de votre emploi du temps. Et ne laissez pas les autres bloquer votre temps en vous donnant du travail qui ne relève pas réellement de vos fonctions.

Comme le disait l'homme de lettres allemand Kurt Tucholsky : « *Rien n'est plus difficile ni n'exige plus de caractère que de dire "non" à haute et intelligible voix.* » Ayez le courage de dire « non ». Et si vous devez effectuer un travail important, respectez la règle de la *somme nulle* : pour chaque responsabilité que vous acceptez d'ajouter aux vôtres, supprimez-en une autre de la liste. Pas d'addition sans soustraction !

Réducteurs de stress

Bien entendu, on ne peut entièrement supprimer le stress. En fait, ce n'est pas lui, le vrai problème. Le problème est que dans les périodes de tension, nous négligeons de réserver du temps pour des activités qui pourraient nous détendre et rendre nos journées moins trépidantes. Voici quelques stratégies efficaces pour mettre votre stress à la porte.

Bougez

L'*exercice physique* est le meilleur moyen de sortir du piège du stress. Même si vous êtes fatigué et démotivé, il réduira le niveau d'énergie négative dans votre vie. Pour obtenir de meilleurs résultats, pratiquez des activités physiques régulièrement ou, mieux, tous les jours. Car le *sport* est sans doute le meilleur remède contre le stress, que vous choisissiez la natation, le jogging, la marche ou le vélo, par exemple. Mais attention : la pratique habituelle d'une activité physique peut aussi se transformer en source de stress. N'essayez pas de battre des records.

Profitez des moindres occasions de bouger. Prenez l'escalier plutôt que l'ascenseur. À l'heure du déjeuner, faites un tour. Ou, tout simplement, restez debout quand vous êtes au téléphone. Cela renforcera votre dos et vous éclaircira la voix.

Essayez vous-même

Faites-vous du bien en pratiquant une activité physique régulière. Commencez, par exemple, par la marche ou le vélo, qui n'exigent qu'un effort modéré. Cela suffira à réduire les hormones du stress sécrétées dans votre organisme. En quelques semaines, vous constaterez des changements. Par exemple :

- votre tension sera redevenue normale ;
- votre pouls se sera stabilisé ;
- vos défenses immunitaires se seront renforcées ;
- vous aurez les idées beaucoup plus claires ;
- vous dormirez mieux ;
- vous serez plus détendu, de meilleure humeur et mieux dans votre peau.

Une autre suggestion : offrez-vous un *massage*, ou mieux, une série de massages. Cela détendra vos muscles et réduira votre tension générale.

Prenez l'air

Aussi souvent que possible, sortez au grand air, car c'est un incroyable antidote au stress. Laissez le vent emporter vos soucis et le soleil recharger vos batteries. À intervalles réguliers au cours de votre journée de travail, prenez une brève pause à l'extérieur ou, du moins, ouvrez la fenêtre.

Parlez

Pour vous décharger de ce stress qui vous pèse, parlez-en à un membre de votre entourage. Trouvez quelqu'un qui ne vous interrompra pas en vous prodiguant des conseils bien intentionnés, mais impossibles à suivre. Ne vous transformez pas pour autant en moulin à paroles, qui rabâche ses histoires à qui veut l'entendre.

Un ami à moi, cadre supérieur, évacue son stress en parlant dans sa voiture à un auditeur imaginaire. Quand il en a vraiment gros sur le cœur, il se gare et se laisse aller. Quelqu'un qui passerait par là penserait simplement qu'il a une conversation animée au téléphone. Après avoir vidé son sac, il sort de sa voiture, fait quelques étirements et reprend sa route, maintenant détendu. Pourquoi ne pas essayer sa méthode, vous aussi ?

Riez

Le rire est excellent pour la santé et c'est un moyen incroyablement efficace pour réduire le stress. La raison en est simple : quand on rit, l'organisme libère des « *hormones du plaisir* », qui améliorent automatiquement l'humeur. Qui plus est, le rire inhibe aussi la sécrétion d'hormones du stress telles que l'adrénaline et le cortisol. Et quand nous rions, quatre fois plus d'oxygène que d'ordinaire passe par nos poumons, car nous respirons plus profondément. Rire et sourire rend heureux. Il a été démontré qu'il suffit de sourire une minute pour retrouver en bonne partie le moral. *Alors, souriez !*

Décompressez

Accordez-vous des moments de *détente*. Mais plutôt que de les passer devant la télévision, reposez-vous l'esprit. Au lieu de surstimuler votre cerveau avec de nouvelles images et de nouvelles informations, faites un effort conscient de récupération mentale.

Ménagez-vous *un espace* où vous détendre. Une pièce entière n'est pas nécessaire. Un fauteuil confortable ou un hamac suffit. N'y apportez *pas de travail*. Pas de dossiers, pas de pression. C'est votre espace antistress.

Faites des pauses

Après environ deux heures de travail, nos performances diminuent considérablement. Dans l'idéal, il faudrait prendre une pause de *vingt minutes*. Mais dans la pratique, c'est souvent difficile. Détendez-vous tout de même pendant quelques instants. Levez-vous, faites quelques pas autour de votre bureau, étirez les bras.

Cependant, il est très important de lever le pied pendant des *périodes plus longues*. Prenez chaque année au moins deux ou trois semaines de vacances d'affilée, et offrez-vous de temps en temps un week-end prolongé.

Surveillez votre alimentation

Le stress prive l'organisme de vitamines et de sels minéraux. Pendant les périodes tendues, veillez à consommer une quantité suffisante de fruits, de légumes et de produits à base de céréales complètes.

Toutes les deux ou trois heures, prenez un en-cas : un yaourt, un biscuit au blé complet ou une banane. À l'heure du repas, vous serez moins affamé et ne serez donc pas tenté de manger plus que nécessaire. De temps en temps, autorisez-vous un hamburger. Mais ne faites pas du fast-food une habitude quotidienne.

Ayez une alimentation à la fois attrayante et équilibrée. *Prenez le temps de manger,* car même le repas le plus diététique vous restera sur l'estomac si vous l'engloutissez en cinq minutes.

Hydratez-vous

La plupart d'entre nous boivent trop peu, alors que l'eau est un élixir antistress. Buvez au moins 2 litres d'eau par jour. Elle nettoiera – au sens « propre » du terme – votre organisme de son stress.

Mieux encore : on peut, avec de l'eau, duper son système nerveux. Buvez-en un verre aussi vite que possible. En effet, quand on avale, on stimule son système nerveux parasympathique, ce qui amène une détente.

Essayez de convaincre votre employeur d'installer une fontaine dans l'entreprise, à un endroit où le personnel ne pourra la manquer. À chaque passage à proximité, vos collègues et vous-même serez incités à boire un verre d'eau. Et à la longue, vous en constaterez les effets bénéfiques.

Prenez des bains

Pour clore une journée stressante, rien ne vaut un bain chaud. Transformez votre salle de bains en oasis de plaisir. Créez l'atmosphère idéale, avec une lumière tamisée ou une bougie. La chaleur de l'eau et les sels de bain parfumés sont un baume pour l'esprit. Et n'oubliez pas votre livre favori... vous avez tout le temps devant vous.

Respirez

Quand on est stressé, on a tendance à respirer trop vite et trop superficiellement. L'organisme manque alors d'*oxygène*. Dans les situations stressantes, essayez d'inspirer et d'expirer de manière consciente. Cela vous donnera du tonus. Veillez en particulier à *expirer lentement*. En plus de vous détendre, cela a pour effet d'élever le taux de calcium contenu dans le sang et de réduire la tension. Inspirez profondément, puis expirez très lentement, pendant dix à quinze secondes. Concentrez-vous autant que possible sur votre respiration.

Cependant, même si vous organisez votre temps à la perfection et que vous utilisez tous les moyens possibles pour réduire votre stress, il en restera toujours un peu dans votre existence. Ce n'est pas grave, car à une certaine dose, il éclaircit les idées, tonifie le corps et procure l'énergie nécessaire pour s'attaquer à des tâches difficiles. Ce qu'il faut, *c'est ne pas être sous pression en permanence.*

Ne comptez pas sur le stress pour s'atténuer de lui-même. En effet, il ne suffit pas de l'ignorer. Il faut affronter la situation et briser ce cercle vicieux, dans lequel votre stress ne fait qu'engendrer encore plus de stress.

Votre chemin vers le bonheur

« Chaque jour est un nouveau jour. »
Andy Warhol

L'excès de stress empêche de progresser vers la réussite et nuit aux relations humaines. Il est également mauvais pour la santé. En revanche, à dose modérée, le stress est un stimulant corporel et mental qui aide à parvenir au meilleur niveau de performance. Mais quelle est la « bonne » dose ?

Du stress au *flow*

Le stress positif, qu'on appelle *eustress*, favorise la concentration. Il rend joyeux et optimiste. Il incite à être productif et créatif. Autrement dit, l'*eustress*, c'est du *bonheur.* Ceux qui le connaissent s'absorbent totalement dans ce qu'ils font. Leurs sentiments, leurs pensées, leurs désirs ne font qu'un. Pour eux, les choses semblent se produire d'elles-mêmes, les soucis disparaissent... et le temps aussi. En harmonie avec eux-mêmes et avec tout l'Univers, ils constatent avec joie qu'ils réussissent à surmonter tous les obstacles.

Connaissez-vous vous-même cet état d'*eustress* ? Souvent, on en fait l'expérience quand on est plongé dans son passe-temps favori, en pleine partie de tennis, par exemple. Le psychologue Mihály Csíkszentmihályi appelle *flow* (ce qui veut dire « flux » ou « afflux ») ces moments de félicité enivrante. Depuis des années, il parcourt la planète pour étudier cette forme de bonheur très particulière.

Le *flow* se produit quand on arrive à surmonter une difficulté sans se laisser dominer par son stress. Ceux qui savent garder leur calme dans les situations stressantes sont efficaces dans leur travail, comme dans les disciplines qu'ils pratiquent pendant leurs loisirs. Toutes les conditions sont réunies pour qu'ils connaissent le *flow*.

Comment parvenir au flow

○ *Identifiez vos aspirations profondes.* Sachez ce que *vous* voulez, et non pas ce que veulent votre patron, vos amis ou vos enfants. Identifiez les défis que vous aimez le plus relever, dans la vie professionnelle et dans la vie privée. Mettez votre *individualité* au centre de votre existence.

○ *Fixez-vous des objectifs bien définis et réalisables.* Structurez-les de façon à faire un usage optimal de vos compétences et de vos talents. Veillez à ce que chaque nouvelle entreprise vous demande un peu plus d'efforts que la précédente. Toucher au but doit être difficile, mais pas inaccessible.

○ *Ne tombez pas dans l'excès.* Souvent, moins, c'est plus. Mieux vaut se consacrer à une activité de tout son cœur que de se disperser de mauvais gré entre une quantité de choses. Privilégiez vos points forts.

○ *Laissez place au feed-back.* En plus de vous aider à faire le point sur vos actions, les retours d'information vous donnent la satisfaction du travail bien fait. Vous recevrez plus de feed-back si vous vous fixez des objectifs intermédiaires.

○ *Gardez la maîtrise de vos actes.* Vous et vous seul savez ce que vous avez à faire. Toutefois, n'oubliez pas que les choses ne tournent pas toujours comme on l'avait prévu. S'en souvenir présente un avantage : cela dynamise et incite à se centrer sur l'essentiel.

○ *Ne vous laissez pas distraire.* Concentrez-vous totalement sur ce qui vous occupe au moment présent.

○ *Félicitez-vous du moindre succès.* Quand elle est réussie, même la tâche la plus simple permet d'aller de l'avant.

○ *Veillez à votre état physique.* Pour connaître le *flow*, il faut être en forme et en bonne santé.

○ *N'essayez pas d'atteindre le flow uniquement en dehors du travail.* Les gens qui connaissent le *flow* y parviennent autant dans leur activité professionnelle, voire plus, que pendant leurs loisirs.

Les personnes qui réussissent connaissent le *flow* plus que les autres, parce que :

- elles font tout avec passion ;
- elles ne sont pas obsédées par le succès. Celui-ci n'est que le résultat de leurs efforts ;
- elles aiment relever de nouveaux défis ;
- elles acceptent leurs faiblesses parce qu'elles sont conscientes de leurs points forts ;

- elles ont un regard positif sur l'existence, ce qui leur confère une séduction aux yeux des autres.

Attention ! Dès lors qu'on a connu le *flow*, on risque de devenir « accro » et de vouloir à tout prix revivre cette expérience. Il peut alors s'ensuivre des déceptions et des symptômes de repli sur soi.

Par conséquent, ne réduisez pas votre conception du bonheur à cette expérience du *flow*. Cela ne vous mènerait qu'à nourrir des attentes trop ambitieuses. Les bons moments (loisirs, vacances, fêtes et réussites professionnelles) ne seraient plus, pour vous, que des événements sans intérêt ou frustrants. Votre quête de bonheur se transformerait alors en une suite de corvées épuisantes.

Ne mettez pas d'obstacles à votre bonheur

« Le vrai bonheur coûte peu ; s'il est cher,
il n'est pas d'une bonne espèce. »
Chateaubriand, Mémoires d'outre-tombe

Pourquoi sommes-nous si nombreux à courir après le bonheur sans jamais l'atteindre ? Peut-être parce que nous mettons la barre trop haut.

Nous voudrions être heureux en permanence, en bannissant la douleur et la tristesse de notre existence. Pourtant, ceux qui cherchent sans cesse le bonheur ne seront jamais heureux. Il est pourtant facile de l'être, à condition d'écouter sa *voix intérieure*. On comprend alors que l'on a souvent besoin de moins qu'on ne croit.

De nombreuses études le confirment : *avoir trop, dans trop de domaines, n'engendre pas le bonheur*, bien au contraire. Deux voitures, trois postes de télévision, cinq montres, un bureau où s'entassent les papiers et un agenda de ministre... Voilà qui laisse peu de place au bonheur. Trop de biens matériels, trop de responsabilités, trop de stimulations sont source non pas de satisfaction, mais de stress. En fait, moins, c'est plus – plus de bonheur.

Pourquoi sommes-nous aussi nombreux à être en manque des choses simples de la vie ? Ce besoin ne relève pas spécialement d'un ascétisme ou d'un refus de la consommation à outrance. Il reflète plutôt le désir d'un mode de vie plus paisible et plus proche des valeurs fondamentales. Aujourd'hui, beaucoup de gens découvrent que leurs principaux buts dans la vie – réussite, richesse matérielle, renommée – ne sont *pas* synonymes de bonheur. Mais souvent, ils ne s'en rendent compte qu'après un divorce ou lorsqu'ils traversent une mauvaise passe financière, par exemple. Ils s'aperçoivent alors qu'ils n'ont pas de véritable ami à qui se confier et que leur organisme leur envoie d'inquiétants signes d'alerte.

Test : pour vous, le bonheur, qu'est-ce que c'est ?

Ce test vous aidera à découvrir si vous êtes l'artisan de votre propre bonheur. Attribuez le nombre de points correspondant à votre réponse :

Oui, en général   2 points
Parfois   1 point
Non   0 point

1. Visez-vous surtout l'*aisance matérielle* ? Pensez-vous que plus on a d'argent, plus on est heureux ?   ○

2. Aimez-vous acheter des *objets de luxe ou onéreux* ? Croyez-vous, par exemple, qu'on tire plus de plaisir du dernier modèle de poste de télévision que de sorties au cinéma ou au théâtre ?   ○

3. Comparez-vous votre mode de vie et vos aspirations à ceux des *autres* ? Trouvez-vous utile de prendre modèle sur des personnes d'un niveau de vie élevé ?   ○

4. Voulez-vous réussir *encore mieux* dans votre activité professionnelle ? Pensez-vous qu'une promotion vous rendrait plus heureux ?   ○

5. Soupesez-vous soigneusement *tous les risques* ? Pensez-vous que la sécurité est un facteur de bonheur ?   ○

6. Participez-vous à de *nombreuses fêtes* et autres sorties en société ? Croyez-vous que plus on a d'amis, plus on est heureux ?   ○

Faites le total de vos points : _____ .

Si vous avez *moins de 6 points*, bravo ! Vous avez de bonnes chances de connaître le bonheur.

Vous avez *plus de 6 points* ? Les pages qui suivent vous indiqueront comment trouver la vraie voie vers le bonheur.

Des obstacles au bonheur

Vous devez *contribuer de manière proactive à votre propre bonheur*. Et ce, tout en évitant les obstacles propres à vous empêcher de le trouver. En voici certains :

- *Croire que le bonheur s'achète.* Ce n'est pas parce qu'on a un compte en banque replet et qu'on vit dans le luxe qu'on est forcément satisfait de son existence. Même la voiture de sport outrageusement chère que vous convoitez ne sera pour vous, tôt ou tard, rien de plus qu'un véhicule. Le véritable bonheur naît des joies simples qui ne s'achètent pas.

- *Envier les autres.* Ce n'est pas en gardant les yeux braqués sur des personnes plus riches que soi qu'on devient heureux. L'envie est même la garantie du contraire. Pensez plutôt à ceux qui ont moins que vous et soyez content d'être mieux loti. Être reconnaissant de ce qu'on a est l'une des clés du bonheur.

- *Poursuivre des buts inaccessibles.* Les buts trop ambitieux conduisent non pas au succès, mais tout droit à l'insatisfaction. Ne vous fixez pas d'objectifs disproportionnés par rapport à vos aptitudes, à vos ressources financières ou au temps dont vous disposez. Quand on est déçu, on est moins motivé à atteindre les résultats qu'on escomptait. Et en fin de compte, au lieu d'être heureux, on est frustré.

- *Vouloir la sécurité avant tout.* Quelqu'un qui ne prend jamais de risques a moins de chances d'échouer, c'est certain. Mais la recherche en psychologie montre que ceux qui n'osent guère sont rarement heureux. Quand on ne connaît jamais l'échec, on ne progresse pas – et on n'arrive donc jamais au véritable bonheur. Prendre des risques, c'est mettre ses qualités à l'épreuve, ce qui donne du courage et de la confiance en soi. Autrement dit : osez être heureux.

- *Vouloir des amis à tout prix.* Les personnes qui s'entourent de relations superficielles risquent fort de ne jamais connaître le bonheur. Car seuls les vrais amis donnent le sentiment d'être à l'aise, dans le monde et dans la vie. Fréquentez des gens qui vous inspirent et qui vous motivent. Évitez ceux qui critiquent tout en permanence ou qui se plaignent sans arrêt.

Dites « OUI » au bonheur

« Nous poursuivons le bonheur comme
un but en soi, alors que nous apprécions
d'autres choses, comme la santé, la beauté,
l'argent ou le pouvoir, juste parce que nous
espérons qu'elles nous donneront
du bonheur. »
Aristote

On croit que les gens heureux sont nés sous une bonne étoile.
Pourtant, le bonheur n'est ni le fait du hasard, ni le résultat de
pénibles efforts. Il ne s'obtient pas en appuyant sur un bouton
et on ne peut pas non plus s'y agripper désespérément. C'est un
moment de l'existence, qui ne passe que trop vite. C'est pourquoi nous devons le poursuivre sans cesse. Être heureux n'est
pas une question de chance. Le bonheur est partout et tout
le monde peut le connaître. Mais simplement, chacun doit le
découvrir par lui-même... *ici et maintenant* !

Il est tout aussi vrai que *le bonheur est une notion relative*.
Le plaisir suprême, pour l'un, peut être un cauchemar pour
l'autre. Vous, par exemple, aimeriez-vous surfer dans des rou-
leaux de 6 mètres de hauteur ?

Bien entendu, vous devez aspirer à votre futur bonheur.
Mais cela ne signifie pas que vous deviez le remettre à plus
tard. N'attendez pas la promotion tellement espérée, le gros
lot ou l'amour de votre vie. Recherchez le bonheur ici et maintenant. Savourez les joies que vous apporte chaque jour : un
compliment sincère, un repas de fête, une réunion conviviale
entre collègues de bonne compagnie.

Les petits plaisirs et les bons amis comptent bien plus
que tous les symboles de statut social. La preuve : malgré la

considérable élévation du niveau de vie en Occident pendant ces dernières décennies, on n'y est pas plus heureux qu'il y a trente ou quarante ans.

Une vaste maison, une belle voiture et des vêtements de grandes marques ne garantissent pas le bonheur. Nous voulons toujours plus, mais quand nous l'avons, il nous manque toujours quelque chose. Le bonheur est à chercher dans ces petites choses devant lesquelles nous passons souvent sans les voir. Redécouvrez ce qui vous entoure, à l'aide de l'ensemble de vos sens : les fleurs dans ces jardinières, le chant des oiseaux dans les arbres, le lever du soleil pendant votre trajet du matin. En fait, *être heureux, c'est tout simple.*

Essayez vous-même

Pendant au moins un mois, tenez un journal de bord de vos humeurs et de vos sentiments, que vous pouvez intituler « journal de mes émotions ». Notez ce que vous ressentez dans certaines circonstances, dans certains endroits ou en compagnie de certains amis. Faites-le pour chaque situation qui vous met de bonne humeur, comme quand, par exemple, vous arrivez à bout d'un projet après des semaines de labeur. Ou quand, dans un parc, une odeur vous a soudain rappelé les étés insouciants de votre enfance. Ou encore lorsque vous avez pris un café avec votre ex-voisin, rencontré par hasard dans la rue et que vous n'aviez pas vu depuis des années...

Mais tenez ce journal de bord en restant sincère envers vous-même. Notez cette invitation à un dîner, que vous avez acceptée alors que vous auriez largement préféré rester chez vous pour regarder un match à la télévision.

Grâce à ce journal de vos émotions, vous saurez précisément quand, où et avec qui vous passez vos meilleurs moments. Vous découvrirez ce qui vous motive le plus. Vous apprendrez dans quelles circonstances votre estime de vous-même est à son sommet. Vous saurez ce qui vous décourage et ce qui vous rend triste.

Il en faut peu pour être heureux

L'insatisfaction est dans l'air du temps. À cette époque dont la perfection est devenue le Saint Graal, ce qu'il y a de mieux est juste assez bon pour nous. Nous sommes rarement contents de ce que nous avons. Pourtant, *on ne peut être heureux quand on est insatisfait.*

Reconsidérez ce que vous avez. Avez-vous réellement besoin de toutes les choses que vous aimeriez avoir ? Sans doute que non, pour la plupart d'entre elles.

Faites-vous partie de ces personnes qui croient que la nouveauté apporte le bonheur ? Si c'est le cas, vous vous trompez. Il est démontré que les biens nouvellement acquis ou les événements inédits ne nous donnent qu'un coup de fouet passager au moral. À l'inverse, certaines choses qui, à première vue, pourraient paraître ennuyeuses, sont une source de joie : un atelier de cuisine, votre cours de judo hebdomadaire, vos parties de cartes régulières avec vos meilleurs copains. La seule anticipation de ces moments est une joie. Fixez-vous de tels *rendez-vous avec le bonheur*, en organisant votre emploi du temps quotidien de façon à toujours avoir une perspective agréable à brève échéance.

Parfois, râler et tempêter est salutaire pour évacuer le stress. Mais à la longue, les coups de colère font de vous l'esclave de vos émotions négatives.

Ayez le courage de prendre les choses avec calme et d'accepter ce que vous ne pouvez pas changer. Cela se fera peut-être avec le temps. Ou peut-être aurez-vous une idée géniale qui, du jour au lendemain, vous débarrassera de l'une de vos causes de contrariété. Mieux vaut en rire et rire de soi-même, car cela détend. Si vous parvenez à prendre tout cela à la dérision, vous serez déjà bien engagé sur la voie du bonheur.

Le bonheur, c'est de se poser sur son canapé pour lire son journal tranquillement ou regarder son émission préférée à la télévision... *Faux !* Les médias gonflent leurs ventes et leur taux d'audience en ne parlant que de meurtres, de catastrophes et d'autres nouvelles épouvantables. Cela finit par porter sur le moral. Par conséquent, évitez de vous abreuver d'informations de ce genre, surtout juste avant de vous coucher. Préférez-leur un CD de musique relaxante ou un bon livre. Vous dormirez mieux et ferez de plus beaux rêves.

Et ne rien faire, en se contentant de se reposer, est-ce cela, le bonheur ? Au contraire. Tôt ou tard, on n'en retire que de l'ennui, ce qui n'est pas la recette idéale pour vivre heureux. Nous ne sécrétons d'hormones du plaisir que quand notre cerveau est actif. *Plongez dans le bonheur* en allant... à la piscine, ou bien en faisant du jardinage ou une promenade. Mais quand vous pratiquez votre sport favori, ne cherchez pas à décrocher de médaille, car ce serait vous mettre sous pression et donc vous priver du plaisir recherché.

Essayez vous-même

Chez vous ou au bureau, créez votre « malle au trésor ». Remplissez-la des choses qui vous rendent heureux : vos bonbons préférés, une photo de vos êtres chers, une lettre d'une amie... Ouvrez cette boîte chaque fois que votre moral a besoin d'un coup de pouce. Très vite, cela ira mieux.

Donnez sa chance au bonheur

Il est faux de croire que certaines personnes sont plus heureuses que d'autres, simplement parce que la chance leur a souri. Si ces personnes sont plus heureuses, c'est parce qu'elles font face aux aspects désagréables de l'existence d'une manière plus efficace. Elles ne disent pas : « *Pourquoi est-ce tombé sur moi ?* » Au contraire, elles acceptent que toute existence comporte sa part de soucis. Au lieu de fuir les difficultés, elles

les affrontent avec confiance en soi et avec courage, car elles savent que *chaque problème résolu les approche un peu plus du but.*

Dès aujourd'hui, adoptez les changements nécessaires pour vous donner toutes les chances d'être heureux. Instaurez les conditions qui vous permettront d'apprécier chaque moment de joie. *Votre bonheur est entre vos mains, et nulle part ailleurs.*

Gérez votre temps pour retrouver l'harmonie

« Commencer est facile,
persévérer est un art. »
Proverbe allemand

« Apprends à lâcher prise,
mais sans lâcher prise sur tes rêves.
Voilà le secret de la liberté. »
Proverbe asiatique

Les quatre grands aspects de l'existence – travail, santé, famille et aspirations – ne s'équilibrent pas d'eux-mêmes. Vous seul devez veiller à leur harmonie. *Demandez-vous ce qui compte pour vous dans la vie.* Car pour arriver à une situation satis-faisante, il faut être capable de choisir. C'est pourquoi, chaque jour, vous devez décider de ce que votre cœur attend, puis faire le nécessaire pour répondre à ses besoins. Prenez du temps pour vous, pour ce que vous aimez, pour vos rêves et pour vos désirs !

N'utilisez pas la gestion du temps à tort, c'est-à-dire dans le but de faire toujours plus, toujours plus vite. Considérez-la comme un moyen de *vous réapproprier votre temps*. Utilisez les ressources rendues disponibles par cette méthode pour *trouver votre équilibre personnel*. Veillez toujours à ce que vos projets professionnels concordent avec vos valeurs et avec vos aspirations profondes.

Vous avez tout le *temps* devant vous !

Bien à vous,

Lothar J. Seiwert

Je te souhaite du temps

Je ne te souhaite pas tous les dons du monde.
Je te souhaite juste ce que j'apprécie le plus :
Je te souhaite du temps, pour sourire, pour rire.
Utilise-le à bon escient et tu t'approcheras de la réussite.

Je te souhaite du temps pour agir et pour penser,
Pas seulement pour toi, mais pour les autres aussi.
Je te souhaite du temps, non pas pour courir,
Mais pour te poser, là où tu es chez toi.

Je te souhaite du temps, non pour le gaspiller,
Mais pour le préserver et en garder assez
Afin de t'émerveiller devant la vie et de croire en elle,
Au lieu de suivre la cadence inflexible de l'horloge.

Je te souhaite du temps pour décrocher la lune,
Du temps pour grandir, pour devenir qui tu es.
Je te souhaite du temps pour retrouver l'espoir, pour retrouver l'amour,
Car ces choses-là ne doivent pas se reporter à plus tard.

Je te souhaite du temps pour trouver ta voie,
Pour remplir de joie chacun de tes jours, chacune de tes heures.
Je te souhaite du temps pour pardonner s'il le faut.
Je te souhaite du temps, pour avoir, pour vivre !

Elli Michler[1]

1. Elli Michler, *Dir zugedacht. Wunschgedichte*, Munich (Allemagne), Éditions Don Bosco, 2004.

Merci !

Un livre est rarement le fruit des efforts d'une seule personne. Même s'il n'y a qu'un nom sur la couverture, et que seul l'auteur est responsable de son contenu, d'autres personnes y ont contribué de manière directe ou indirecte. Sans elles, le livre ne serait pas ce qu'il est. C'est pourquoi je voudrais *remercier* :

Ann McGee-Cooper et *Duane Trammell*, du cabinet Ann McGee-Cooper and Associates (Dallas, Texas), qui œuvrent en partenariat sur plusieurs continents depuis plus de quinze ans. Je leur suis reconnaissant de nos enrichissantes conversations, de nos échanges dynamiques, de l'amitié qui nous lie. Et de plus, je les remercie d'avoir coécrit l'un des chapitres de ce livre.

Brian Tracy, mon très estimé confrère et ami américain, pour son soutien et sa très convaincante préface.

Stephen R. Covey et *Hyrum Smith*, coprésidents de la FranklinCovey Company (Salt Lake City et Provo, Utah), et *Roger Merrill*, également de la FranklinCovey Company qui, lors de nos rencontres, m'ont conforté dans l'idée que la gestion du temps de nouvelle génération était sur la bonne voie.

Peter F. Drucker, pour son enseignement avant-gardiste sur le management, plus actuel que jamais.

Le groupe REWE-Zentral AG à Cologne et à Hungen et, plus particulièrement, *Alfred Kriegel* et *Juergen Billerbeck*, pour notre long partenariat, pour nos nombreux et productifs échanges, ainsi que pour les séminaires où nous avons atteint l'équilibre idéal entre travail et plaisir, effort et détente, priorités professionnelles et privées.

Les participants à mes séminaires, notamment ceux organisés par le REWE, qui m'ont permis de tester et d'améliorer les concepts, exercices et exemples contenus dans ce livre.

Le *SchmidtColleg GmbH*, Deutsches Unternehmer-und Fuehrungskraefte-Colleg à Bayreuth, pour l'autorisation de reproduction du questionnaire sur le plan de vie page 133.

Le Hermann-Institut-Deutschland et *Roland Spinola* pour les informations sur la dominance cérébrale.

Vera F. Birkenbihl, qui m'a rappelé l'histoire de Till l'Espiègle.

Elli Michler pour son merveilleux poème *Je te souhaite du temps*, le « poème du siècle » en Allemagne, et pour de nombreuses années d'un stimulant échange d'expériences et d'idées.

Werner Tiki Küstenmacher pour ses illustrations bien vues, drôles et pleines de charme.

Ruth Riedel et *Claudia Franz* pour leur assistance éditoriale et pour la révision de ce livre.

Tim Schroder, traducteur, pour ses efforts réfléchis et proactifs afin de rendre le texte original en allemand dans un anglais agréable à lire.

Campus Verlag, mon éditeur allemand, et *Christiane Meyer* pour notre collaboration, qui se prolonge depuis de longues années.

Et merci à vous, cher lecteur, pour avoir lu l'ensemble de ce livre jusqu'ici – ou pour être venu directement à cette page –, dans l'intention d'apprendre à mieux gérer votre temps, dans la vie professionnelle et privée. Je vous souhaite une vie harmonieuse et épanouissante.

Lothar J. Seiwert

Site Web : *www.seiwert.de*
E-mail : info@seiwert.de

Lectures complémentaires

Allen, David, *S'organiser pour réussir*, traduit de l'américain par Michel Edéry, Paris, Leduc.S, 2008.

Blanchard, Kenneth H., Oncken, William Jr., Burrows, Hal, *Le Manager minute*, traduit de l'américain par Sophie Marnat, Paris, Eyrolles/Éditions d'Organisation, 2006.

Blanchard, Kenneth H., Onden, William, Burrows, Hal, *Les Singes et le manager*, traduit de l'américain par Philippe Mortimer, Paris, InterÉditions, 1990.

Carlson, Richard, *Décidez d'être heureux : le bonheur, c'est dans la tête*, traduit de l'américain par Joëlle Touati, Paris, InterÉditions, 2000.

Covey Stephen R., *Les 7 habitudes de ceux qui réalisent tout ce qu'ils entreprennent*, traduit de l'américain par Magali Guenette, Paris, First Éditions, 2005.

Covey, Stephen R., *Les 7 habitudes en action : histoires de courage, sources d'inspiration*, traduit de l'américain par Maxime Chavanne, Paris, First Éditions, 1999.

Covey, Stephen R., *Les 7 habitudes des familles épanouies*, traduit de l'américain par Anne-Carole Grillot, adaptation française de Gabriel Joseph-Dezaize, Paris, First Éditions, 1998.

Covey, Stephen R., *La 8e habitude*, traduit de l'américain par Claude Raimond, Paris, First Éditions, 2005.

Covey, Stephen R., avec la collaboration de A. Roger Merrill, Rebecca R. Merrill, *Priorité aux priorités : vivre, aimer, apprendre et transmettre*, traduit de l'américain par Alice Bréa, Pierre Saint Jean, Marc Villette sous le contrôle de Catherine Cullen, Paris, J'ai lu, 2010.

Dilts, Robert B., *Être coach : de la recherche de la performance à l'éveil*, traduit de l'américain par Maurice Brasher et Myriam Mora, Paris, InterÉditions, 2008.

Dossey, Larry, *Space, Time and Medicine*, Boston (États-Unis), New Science Library, 1984.

Drucker, Peter F., *L'Efficacité, objectif n° 1 des cadres*, traduit de l'américain par J. E. Leymarie, Paris, Éditions d'Organisation, 1968.

Fromm, Erich, *Avoir ou Être : un choix dont dépend l'avenir de l'homme*, traduit de l'américain par Théo Carlier, Paris, Robert Laffont, 1978.

Hall, Edward T., Reed Hall, Mildred, *Hidden Differences – Doing Business With the Japanese*, New York, Anchor Books, 1990.

Koch, Richard, *Le Principe 80/20 : faire plus avec moins*, traduit de l'anglais par Jacques Vaillancourt, Montréal (Canada), Les Éditions de l'Homme, 2007.

Lakein, Alan, *Comment contrôler votre temps et votre vie*, Saint-Hubert (Canada), Un Monde différent, 1990.

Merrill, A. Roger, Merrill, Rebecca R., *Le Juste Équilibre*, traduit de l'anglais par Claire Dupont, Montréal (Canada), Les Éditions de l'Homme, 2006.

Nadolny, Sten, *La Découverte de la lenteur*, traduit de l'allemand par Jean-Marie Argelès et Olivier Mannoni, Paris, Grasset, 2008.

Ornstein, Robert E., Sobel, David, *Les Vertus du plaisir*, traduit de l'américain par Dagmar Frégnac, Paris, Robert Laffont, 1992.

Peseschkian, Nossrat, *L'Utilisation d'histoires orientales en psychothérapie positive. Le marchand et le perroquet*, Paris, L'Harmattan, 2009.

Robbins, Anthony, *L'Éveil de votre puissance intérieure*, traduit de l'américain par Marie-Josée Chrétien et Louise Drolet, Montréal (Canada), Les Éditions de l'Homme, 2008.

Robbins, Anthony, *Pouvoir illimité – Changez de vie avec la PNL, le livre référence*, traduit de l'américain par Hélène Dumas, Paris, J'ai lu, 2008.

Saint-Exupéry, Antoine de, *Le Petit Prince*, Paris, Gallimard, 1946 et 1999.

Seligman, Martin E. P., *La Fabrique du bonheur : vivre les bienfaits de la psychologie positive au quotidien*, traduit de l'américain par Jacques Lecomte, InterÉditions, Paris, 2011.

Selye, Hans, *Le Stress de la vie : le problème de l'adaptation*, traduit de l'anglais par Pauline Verdun, Paris, Gallimard, 1975.

Sheehy, Gail, *New Passages – Mapping your life across time*, 2ᵉ éd., New York, Ballantine Books, 1996.

Smith, Hyrum, *Mes valeurs, mon temps, ma vie : gérer son temps et sa vie selon les 10 lois naturelles de Franklin*, Saint-Hubert (Canada), Un Monde différent, 1996.

Tracy, Brian, *Destination réussite : votre plan de vol vers le succès – Comment en accomplir davantage, plus vite que vous ne l'auriez jamais cru possible*, traduit de l'américain (Canada) par Nathalie Gagnon, Gatineau (Canada), Éditions du Trésor caché, 2009.

Tracy, Brian, *Objectifs ! Comment obtenir tout ce que vous voulez, plus rapidement que vous n'auriez pu l'imaginer*, Gatineau (Canada), Éditions du Trésor caché, 2005.

Autres livres sur la gestion du temps et de la vie par les auteurs de Prendre son temps... pour en gagner

Küstenmacher, Tiki Werner, Seiwert, Lothar, *Simplifiez-vous la vie : votre santé, vos relations, votre couple, vous-même*, traduit de l'allemand par Anne-Marie Naboudet-Martin et Guylaine Tamisier-Roux, Paris, M. Lafon, 2006. (Le best-seller international !)

Seiwert, Lothar J., Graichen, Winfried U., *Maîtriser votre temps : chassez les voleurs de temps pour être moins stressé*, traduit de l'allemand par Sylvie Le Moël, Paris, Éditions d'Organisation, 2004.

Seiwert, Lothar J., *Du temps pour l'essentiel : vous détermi-nez ainsi votre réussite par une planification conséquente du temps et une méthode de travail efficace*, traduit de l'allemand par l'équipe de Télé-Traduction, Paris, Éditions d'Organisation, 1991.

Seiwert, Lothar J., *Gérer son temps pour réussir,* traduit de l'allemand par Sabine Boccador, Paris, Marabout, 2004.

Seiwert, Lothar J., Gay, Friedbert, *Déterminez votre profil psychologique : pour améliorer votre efficacité au travail et dans la vie*, traduit de l'allemand par Sabine Boccador, Paris, Marabout, 2006.

Seiwert, Lothar J., Gay, Friedbert, *1 heure pour... mieux se connaître et améliorer son efficacité*, traduit de l'allemand par Sabine Boccador, Paris, Marabout, 2009.

Seiwert, Lothar J., Gay, Friedbert, *1 heure pour... gérer son temps*, traduit de l'allemand par Sabine Boccador, Paris, Marabout, 2010.

Index

Ouvrage mis en page par Florian Hue

Dépôt légal : septembre 2012 - N° d'éditeur : 4580 - IMPRIMÉ EN FRANCE - Imprimeur n° 12970
Achevé d'imprimer le 7 septembre 2012 sur les presses de l'imprimerie « La Source d'Or » - 63039 Clermont-Ferrand

Dans le cadre de sa politique de développement durable, La Source d'Or a été référencée IMPRIM'VERT®
par son organisme consulaire de tutelle. Cet ouvrage est imprimé - pour l'intérieur - sur papier offset "Amber Graphic" 90 g provenant de la
gestion durable des forêts, des papeteries Arctic Paper dont les usines ont obtenu les certifications environnementales ISO 14001 et E.M.A.S.